CHOIX

DES MEILLEURES PIECES

DU

THÉATRE ITALIEN MODERNE,

Traduites en François, avec des Dissertations & des Notes,

PAR M. E. B. D. des Arcades de Rome, de l'Institut de Bologne, &c. &c.

Nec verbum verbo, curabis reddere fidus
Interpres..... HORAT. *Art. Poet.*

A PARIS,

Chez {
L'AUTEUR, rue Saint-Jacques, près celle de la Parcheminerie.
MORIN, Imprimeur-Libraire, à la Vérité, même Maison.

M. DCC. LXXXIII.

Avec Approbation, & Privilege du Roi.

CHOIX

DES MEILLEURES PIECES

DU

THÉATRE ITALIEN MODERNE,

Traduites en François, avec le Texte Italien à côté,

Par M.M. D.L..... de la Riche, ...
Gallina, &c.

A PARIS,

Chez ..... Libraire .....
.....

M.DCC.LXXX.....

DISCOURS
PRÉLIMINAIRE.

LE titre de *Théâtre Italien* que nous avions envie de donner à la Collection, dont nous publions aujourd'hui le premier Volume, étoit trop équivoque, pour l'avoir conservé. Sans parler des Opéra sérieux, comiques ou bouffons, ni des autres especes de Drames, auxquels ce titre trop général eût paru donner l'exclusion, on distingue, dans le genre de la Comédie, le *Théâtre Ancien* & le *Moderne*. On connoît beaucoup en France l'ancien *Théâtre Italien*, dont la Collection de *Ghérardi* nous a donné une idée. On sçait que ce ne sont que des especes de *Cannevas*, des Scenes décousues auxquelles le génie, le talent & les graces faciles des Acteurs de cette Nation naturellement Comédienne, suppléoient, pour leur donner de l'ensemble, de la liaison, de l'intérêt; & pour leur communiquer l'âme & la vie qui en faisoient tout le mérite. Les Pieces & les fragmens rassemblés par le *Ghérardi*, ne sont plus que des squelettes décharnés, pour ceux qui ont vu le jeu des *Romagnési*, des *Riccoboni*, des *Silvia*, des *Thomassin* & surtout du célebre *Arlequin*; des *Colalto*, des *Carlin*. On a en-

core bien moins l'idée de la *bonne Comédie*, que le
Goldoni, l'Abbé *Chiari*, & autres Poëtes modernes ont mife à la mode fur les divers Théâtres d'I-
talie. A l'exception de quelques Pièces du *Goldoni*,
qui ont été traduites en très-petit nombre, & plus
fouvent imitées, & même déguifées à deffein, pour
être tranfportées fur notre Scene, comme des nouveautés; on croit que l'Italie eft entierement privée
des plaifirs de la bonne Comédie, qui ne fe trouve
que chez nous; & qu'elle eft réduite à fes Opera &
à des miférables farces, affez femblables à celles
des Théâtres de la Foire. On regarderoit comme
un paradoxe infoutenable, d'avancer que la Scene
Comique dégénere en France; tandis qu'elle fe per-
fectionne en Italie, & que cette Nation eft infiniment plus riche que nous en bonnes Comédies.

Sans faire de differtation pour le prouver, on a
cru que ce feroit rendre un fervice important à la
Littérature Françoife & aux Auteurs qui travaillent
pour nos Théâtres, de publier une Traduction, ou
une imitation, quelquefois une fimple analyfe des
Comédies modernes, qui ont le plus de réputation
en Italie. Ceux qui ignorent l'Italien & fes différens Dialectes introduits fur la Scene, pourront du
moins juger par eux-mêmes, jufqu'à quel degré de
perfection cette ingénieufe Nation a porté, depuis
quarante ans, la bonne Comédie, bien préférable

à nos *Drames François*, plus propres à prouver notre diſette actuelle, que nos reſſources.

Deux motifs nous ont déterminé à traduire les meilleures Pieces du Théâtre Italien moderne : le premier, celui de faciliter l'étude d'une Langue, qui devient tous les jours de plus en plus à la mode ; & le ſecond, dont on a déjà parlé, de faire mieux connoître les richeſſes Dramatiques de nos Voiſins, dont l'orgeuil national nous a donné une ſi fauſſe opinion. Ce double but, s'il étoit parfaitement rempli, procureroit à notre entrepriſe un mérite, qui feroit mettre une pareille Collection bien faite, au rang des Livres claſſiques deſtinés à la belle éducation. Nous allons nous étendre dans ce Diſcours préliminaire, ſur le double point de vue que nous nous ſommes propoſé par ces Traductions, faites en même tems pour ſervir de thêmes ou de verſions comparées aux perſonnes qui voudroient apprendre l'Italien ſans maîtres.

§. PREMIER.

PARMI les Langues modernes, l'Italienne eſt la ſeule qui ſemble vouloir diſputer la prééminence à la nôtre, tant par le mérite qui lui eſt particulier, que par le nombre des bons Ouvrages écrits en cette Langue. Elle ſurpaſſe en effet toutes les autres

par la facilité de fa prononciation ; par la doúceur
& la délicateffe de fes expreffions, qui la font regarder comme la Langue propre du beau Sexe ; par
la jufteffe des accens déterminés, qui font l'âme
des mots ; par l'harmonie muficale & la variété des
tours dont elle eft fufceptible, quand elle eft ma-
niée par de grands maîtres. Enfin elle égale la Langue Françoife, pour la méthode, l'ordre & la clarté
du difcours, puifqu'elle eft *analogue*, comme elle,
à l'ordre naturel des penfées, à la fucceffion ánaly-
tique des idées partielles qui conftituent une même
penfée ; & qu'elle a les mêmes efpeces de mots,
pour repréfenter ces idées partielles fous les mêmes
afpects. Mais en même tems, & furtout dans la
Poéfie, elle eft *tranfpofitive*, comme le Latin dont
elle eft dérivée en parrie ; ce qui, joint à la compo-
fition matérielle de fes mots, en fait une langue
véritablement lyrique, harmonieufe, imitative &
fonore, comme on le voit dans les Œuvres de
l'Ariofte, du Taffe & de tous les grands Poetes de
cette Nation. La Langue Italienne a, de plus que la
Françoife, l'avantage ineftimable d'être très-facile,
parce qu'on écrit les mots de la même maniere
qu'on les prononce ; & qu'on n'y trouve ni voyelles
fourdes, ni lettres mouillées, ni ces diphtongues
abfurdes, dont la prononciation pénible fait le défefpoir de ceux qui apprennent le François, & dont

l'ortographe même n'annonce que trop les difficultés, insurmontables pour ceux qui n'en ont pas fait une profonde étude.

La différence matérielle des mots dans chaque Langue, leur composition syllabique, & l'impression plus ou moins agréable sur l'organe sensible de l'ouie, servent à déterminer le génie & le caractere distinctif des Langues. C'est d'après de pareilles observations, que l'Empereur Charles-Quint disoit, qu'il parleroit *François à un ami*, Francese ad un amico; *Allemand à son cheval*, Tedesco al suo cavallo; *Italien à sa maîtresse*, Italiano alla sua signora; *Espagnol à Dieu*, Spagnuolo à Dio; & *Anglois aux oiseaux*, Inglese a gli uccelli.

Le P. Bouhours, guidé par cette espece de Proverbe sur les Langues Européennes, avoit cru bien saisir dans son *Second Entretien d'Ariste & d'Eugene* le caractere distinctif des Langues Françoise, Italienne & Espagnole, qu'il regardoit comme trois sœurs, dont la Langue Latine étoit la mere commune. Ce seroit plutôt la Langue Celtique ou Gauloise, qui étoit en usage dans toutes ces contrées long-tems avant celle des Romains, qu'on devroit envisager comme la véritable source, dont ces langues modernes sont dérivées; surtout si on avoit égard à leur construction & à l'ordre analogique qu'elles conservent avec la suite des idées, principalement

pour la Langue Françoise, qui souffre moins d'inversions que toute autre. Mais sans disputer sur
l'origine de ces Langues, & pour ne pas s'écarter
de l'objet, on ne traitera que de ce qui concerne la
prééminence entr'elles. « Il me semble, *dit le Pere*
» *Bouhours*, que la *Langue Espagnole* est une or-
» gueilleuse qui le porte haut, qui se pique de
» grandeur, qui aime le faste & l'excès en toutes
» choses. La *Langue Italienne* est une coquette tou-
» jours parée & toujours fardée, qui ne cherche
» qu'à plaire, & qui se plaît beaucoup à la baga-
» telle. La *Langue Françoise* est une prude ; mais
» une prude agréable, qui toute sage & toute mo-
» deste qu'elle est, n'a rien de rude ni de farouche.

Cette allégorie, très - ingénieuse d'ailleurs, &
soutenue du mot de Charles-Quint, qui regardoit la
Langue Italienne comme celle du beau Sexe, semble avoir enchaîné le préjugé, fixé l'opinion générale sur le génie & le caractere distinctif de cette
Langue, qu'on ne considere que du côté de l'abus.
Les Amateurs d'antithèses & de *concetti* ; les impro-
visateurs, les faiseurs de Sonnets, de Madrigaux, &
autres Ecrivains futiles, que la facilité de la Poésie
Italienne a si fort multipliés dans ces contrées, en
ont tellement décrié le langage, qu'il en a perdu
une partie de son crédit & de sa réputation. Mais
lorsqu'on examine cette langue en elle-même, lors-

qu'on en cherche les exemples & le modele dans les bons Ouvrages, si nombreux en tout genre, qu'elle a fournis; alors elle reprend sa dignité & sa prééminence sur toutes les autres Langues modernes de l'Europe, sans même en excepter la Françoise, quelque mérite que nous reconnoissions d'ailleurs à cette derniere.

Pour prouver une thèse, que plusieurs Critiques ne manqueront pas de traiter d'absurde, il faut reprendre les choses de plus loin. Suivant la définition d'un Philosophe, une Langue est *la totalité des usages propres à une Nation, pour exprimer les pensées par la voix*; & cette expression est le véhicule de la communication des pensées. Ce sont donc l'ancienneté & la diversité des usages, qui constituent ce qu'on appelle proprement le *corps d'une langue.* Joignez-y l'utilité & la variété des établissemens faits chez un peuple, la pompe & la magnificence des Cérémonies de Religion; la majesté du Droit public & privé; les différentes sortes de gouvernemens, depuis le Théocratique jusqu'à l'Etat populaire; les loix de la sociabilité & les devoirs respectifs qu'elle entraîne; les découvertes & la perfection des Arts & des Sciences; le goût de la belle Littérature, transmis d'âge en âge; les précieux restes de l'Antiquité dans tous les genres, auxquels ils font propres à fervir de regle & de modeles, &c. &c.

Sous ce nouveau point de vue, la Langue Italienne doit être l'une des plus riches & des plus fécondes en expreffions vives, pittorefques & naturelles; puifque cette heureufe contrée, favorifée de tous les dons du Ciel, jufques même dans les lieux voifins de ces volcans terribles, qui en font craindre la deftruction prochaine, fut habitée dans tous les temps par les Nations les plus induftrieufes; par des peuples vainqueurs; jaloux de toute efpece de gloire, en même tems qu'ils étoient efclav s du luxe & des fenfations les plus voluptueufes. Rome fut long-tems la Capitale du monde entier; & c'eft par les Romains que l'Europe fauvage & barbare a été policée.

Depuis la deftruction de l'empire, l'Italie devint, comme toutes les autres Provinces Romaines, la proie & la victime des Nations Germaniques & de tous ces peuples féroces & deftructeurs, qui fe pouffoient les uns les autres fur les terres de l'Empire, comme les flots d'une mer irritée. Les ténèbres de l'ignorance & de la fuperftition couvrirent également d'un voile épais toutes les contrées de l'Europe, jufqu'à la prife de Conftantinople par les Turcs. L'Italie eut alors le bonheur de recueillir dans son sein, les précieux restes des bonnes Lettres chassées de la Grèce. Elle devint une seconde fois le berceau des Arts & des Sciences, après tant de siécles de barbarie : & elle eut la gloire de les *cultiver seule & sans altération* pendant deux siecles ; tandis que le reste de l'Europe étoit encore plongé dans les bourbiers fangeux de l'ignorance la plus crasse, & de l'Anarchie Féodale, qui tenoit ses esclaves enchaînés sous le poids d'une Législation atroce, absurde & despotique.

Lorsque Louis XI eut abattu en France les restes de ce Gouvernement Gothique, & qu'il eut mis les Rois hors de page, par la destruction de tous les usurpateurs des droits régaliens, ses Successeurs immédiats ne firent fleurir les Arts, que par ce qu'ils emprunterent des Italiens. François I, le *Pere des Lettres*, fit venir d'Italie des Maîtres en tous genres, à l'exemple du grand Charlemagne, qui n'avoit pas trouvé de moyens plus sûrs pour les naturaliser en France. Notre climat étoit trop froid, notre sol trop sec & trop aride, pour avoir produit de lui-même les Sciences & les Beaux-Arts, avant que ces productions soient devenues indigènes par la culture des Maîtres étrangers. Notre langue rustique & grossiere, ne s'est perfectionnée depuis François I, que par ce qu'elle a emprunté sous ce regne & les suivans, du commerce avec les Italiens.

Pendant tout le XVIe. siecle, *dit un habile Ecrivain*, tandis que les armées de Charles-Quint saccageoient Rome, que Barberousse ravageoit ses côtes, & que les dissensions des Princes & des Républiques troubloient l'intérieur, l'Italie malgré tant d'obstacles, *porta seule* dans un court espace d'années les *Beaux-Arts à leur perfection*; & fit rapidement dans les Lettres des progrès si prodigieux & si étendus, que nous ne nous lassons point de les admirer encore aujourd'hui. Le *Siécle de Léon X* sera donc à jamais célebre par les hommes immortels qu'il a produits en tout genre; ainsi que par la grande révolution qui sous lui divisa l'Eglise, déchira le voile, & finit par renverser ce colosse vénérable, dont la tête étoit d'or & les pieds d'argile. Mais l'union de la Cour de Rome avec celle de France fut conservée, & devint encore plus intime qu'elle n'avoit jamais été.

Il est vrai que dans le cours de ces révolutions, la découverte du Nouveau Monde, & le commerce des deux Indes a changé la face de l'Europe. L'opulence devenue plus générale, a excité l'industrie, adouci les mœurs, répandu le luxe, & porté le goût des Arts & des Lettres dans la plûpart des autres Royaumes Européens. Depuis ce tems, les beaux jours de l'Italie se sont éclipsés, & sa gloire s'est évanouie pour la seconde fois : son commerce a passé, la source de ses richesses a tari, à mesure que les prestiges de la Cour de Rome se sont dissipés au flambeau de la Philosophie ; & presque tous ses peuples sont présentement esclaves des autres Nations. Mais sa langue, enrichie par tant de Chef-d'œuvres en tout genre, fixée par la multitude des bons Auteurs du siécle des Médicis, offre le champ le plus vaste à l'étude des Arts, de l'Histoire & de la Philosophie. Bien loin d'avoir dégénéré de nos jours, elle semble avoir encore acquis de nouveaux degrés de perfection, sous la plume immortelle des *Muratori*, des *Gravina*, des *Métastase*, des *Giannone*, des *Algarotti*, des *Beccaria* & des autres grands Ecrivains de ce siécle. Il n'est pas jusqu'aux différens Dialectes des Provinces d'Italie, comme le Vénitien, le Bergamasque, le Napolitain, &c. qui sans s'écarter du génie de la Langue dont ils dérivent, contribuent encore à l'enrichir par les tours, les proverbes & les graces naïves particulieres à chaque peuple. Il suffit même de savoir la Langue-mere, pour entendre les divers Dialectes qui n'en different que par les inflexions, les tournures locales, & les mots expressifs, consacrés par l'usage de chaque canton. C'est ce qui autorise les Auteurs comiques, à faire parler aux personnages qu'ils introduisent sur la Scene, le langage particulier de la contrée qu'ils habitent. L'Italien est en effet la seule Langue moderne qui jouisse de cet avantage ; & qui, comme l'ancien Grec, loin de dégénérer par la multitude de ses Dialectes, sçait au contraire en tirer parti pour la perfection de la Langue commune à tous ces peuples (*).

(*) Il sera aisé de sentir l'avantage unique du rapport des différens Dialectes à la Langue commune d'un Pays, pour peu qu'on réfléchisse aux pertes qu'a fait la Langue Françoise, en s'écartant à force de se polir des divers *Patois* de ses Provinces, aujourd'hui inintelligibles à tous les François, même à ceux des pays où on les parle. Nous ne distinguons plus le Bourguignon, le Provençal, le Languedocien, le Gascon, le Basque, l'Auvergnat, le Poitevin, le Bas-Breton, le franc Picard, &c. que par l'accent étranger, sans même pouvoir distinguer quel est celui de chaque contrée ; & ces idiômes nous sont aussi inconnus que ceux des petits Peuples sauvages de l'Amérique. Que dirions-nous d'une Comédie Françoise, où l'on feroit parler à chaque Personnage le langage de sa Province, ou d'un Ouvrage, dans lequel on se serviroit de ces divers Dialectes ? Ce seroit nous renvoyer à l'époque de la confusion des Langues. Cependant, que de grâces ! que de richesses perdues pour notre Langue ! comme on peut s'en convaincre, en lisant Rabelais, Montagne, les Cent Nouvelles nouvelles, les Contes de la Reine de Navarre, le Moyen de parvenir, la Confession Catholique de Sancy, les Bigarrures du Seigneur des Accords, & autres pareils Ouvrages faits dans les tems, où le rapport des divers Dialectes à la Langue commune, étoit encore un peu sensible. N'est-ce pas la cause secrette du plaisir que nous éprouvons dans le style

Ainsi donc la Langue Italienne, propre à tous les

Marotique & dans la lecture du Roman de la Rose & de nos anciens Contes & Fabliaux, où l'on ne trouve tant de naïveté & d'énergie, que parce que c'étoit le langage populaire & fans apprêt, qui des Patois provinciaux paſſoit dans la Langue Romance ou Gauloiſe ? Ceux qui connoiſſent les Poéſies Languedociennes du Goudouli, les meilleures Chanſons Gaſconnes & Provençales, les Poéſies Bourguignones des deux Pirons, le Virgile traveſti de M. le Conſeiller Dumay, les Noëls immortels du célebre La Monnoie, regrettent que tant de Chef-d'œuvres ſoient totalement perdus pour la Nation, par l'oubli des Diálectes dans leſquels ils ont été écrits; ceux-là, dis-je, ne ſeront plus ſurpris d'entendre dire que le François, à force d'être poli, n'eſt plus que le gazouillement des oiſeaux de Cour; & que la Langue du pays n'a pas plus de caractere fixe que ſes Habitans; qu'elle ne ſubſiſte plus que par les bons Ouvrages du ſiecle de Louis XIV, & par quelques Romans Philoſophiques qui la mettent encore à la mode.

Le préjugé contre les Patois provinciaux, qu'on ne regarde plus que comme des jargons inintelligibles, qui n'ont jamais ſervi qu'à exprimer les beſoins groſſiers du bas peuple qui les parle, eſt ſi fort enraciné, que le ſçavant Editeur des La Monnoie & des Pirons n'a pas oſé y joindre les Poéſies Bourguignones de ces grands Hommes, quoique plus propres que les Poéſies Françoiſes à caractériſer leur génie. Je ſuis actuellement ſeul dépoſitaire de ces richeſſes Littéraires; & pluſieurs Curieux m'engagent à les donner avec un Gloſſaire, pour en faciliter l'intelligence. On peut voir ce que j'ai dit à ce ſujet dans le premier Tome *in-folio* de la *Deſcription de la France*.

genres, analogue à l'ordre des idées, se soumet à une marche didactique & réglée, quand il faut de la clarté, de la netteté, de la précision, du bon sens, du raisonnement. Mais lorsque les passions exigent de la chaleur, de l'éloquence, de l'énergie; lorsque l'imagination veut échauffer le cœur, ou peindre à l'esprit, alors la Langue Italienne se pliant à tous les tons, devient transpositive, comme les Langues anciennes : elle admet, comme elles, les tours & les inversions, selon les degrés progressifs de liberté qu'exigent ces divers mouvemens de l'âme. Moins timide que toutes les Langues modernes, elle se permet toutes sortes d'écarts ; & ne refuse au génie que ce que la constitution de ses noms & de ses verbes, combinée avec le besoin indispensable d'être entendue, ne lui a pas permis de recevoir. Comparée à la nôtre, elle n'en a ni la marche pédestre & rampante, ni la sourde monotonie, ni la pauvreté disetteuse de mots propres, ni les anomalies perpétuelles, ni la fausse délicatesse & la timidité : plus riche qu'elle en diminutifs, en augmentatifs & en mots artistement composés, elle est infiniment plus énergique, quoiqu'elle ait en même tems beaucoup de douceur, d'élégance, de délicatesse & de termes naïfs. Voilà ce qui la rend propre aux Scènes dramatiques & à tous les genres de Musique : c'est la seule Langue musicale

de toutes les Nations, comme nous le ferons voir
dans la *Differtation fur les Opéra Italiens* Il y a
des Théâtres Italiens en Angleterre, dans les prin-
cipales villes de l'Allemágne, en Ruffie, &c. avantage qui n'a fervi qu'à confirmer la mauvaife opinion qu'on a pris de cette Langue.

§. I I.

La préjugé qui faifoit regarder la Langue Italienne comme une langue molle, efféminée, incapable d'élévation, de nobleffe, de majefté & d'é-
nergie, a influé fur l'idée qu'on a des différens
genres de Spectacles qui ont eu cours en Italie, depuis la renaiffance des Lettres. On fe figure qu'a-
près l'Opera dont le Cardinal Mazarin nous a tranf-
mis une bien foible copie, on ne trouve plus en
Italie que des farces populaires, de groffieres bouf-
fonneries, qui ne méritent pas le nom de *Comédie.*
On s'eft fi fort prévenu contre cette difette de bonnes Pieces Italiennes, que les Auteurs François fe
font crus obligés d'en compofer dans le même genre, pour foutenir le Théâtre Italien de Paris. Ils
n'auroient pas pris cette peine, s'ils avoient fouillé
dans les Répertoires d'Italie. Il eft vrai que fans
cela, nous euffions été privés d'un grand nombre
d'excellentes pieces, faites dans le genre italien; &

nous devons regretter sans doute de voir de nos jours tarir la source où venoient s'abreuver les le Sage, les Piron, les Marivaux, &c. Mais il ne faut pas en conclure, que l'Italie n'avoit alors que de mauvais cannevas, & qu'elle étoit absolument dénuée de Pieces régulieres.

M. Favart le fils, digne héritier d'un nom célebre sur notre Théâtre Italien, vient de donner sous le nom du *Déménagement d'Arlequin, Marchand de Tableaux*, une petite Comédie en profe, mêlée de Vaudevilles, analogue à la circonstance du départ de la Comédie Italienne pour son nouveau Théâtre. Sous le voile d'une ingénieuse Allégorie, Arlequin appelle l'ancien Théâtre Italien, son *Mufœum*; & il donne le nom de *Tableaux* aux Ouvrages qui composent le Répertoire de ce Spectacle. Le Valet d'Arlequin, en faisant une chûte affez lourde, a brisé tous ses vieux Tableaux, principalement ceux qu'il avoit apportés de Bergame. Arlequin se met dans une furieuse colere, que fa Femme veut appaifer, en lui disant qu'on peut réparer ses Tableaux, les revernir, y mettre d'autres cadres; que d'ailleurs ils ne font plus de mode.... *Comment! plus de mode!* s'écrie Arlequin; *d'excellens morceaux de l'Ecole Italienne, dont nos meilleurs Peintres François tirent tous les jours les fujets les plus comiques? —Je ne fçais qui me tient....*

Arlequin

Arlequin ne peut plus montrer que des nouveautés, aux Amateurs qui viennent visiter son *Musœum* ; ce qui améne très-naturellement l'éloge des Pieces nouvelles de MM. Piis & Barré, & autres Auteurs qui travaillent pour ce Théâtre.

Le Mercure, en rendant compte de cette jolie Piece, ne peut pardonner à l'Auteur l'expression outrée, d'*excellens morceaux de l'Ecole Italienne :* tant est enraciné le préjugé contre les Auteurs Comiques de cette Nation ! « Si l'Ecole Italienne, *dit* » *le Journaliste,* étoit aussi pauvre en grands Pein- » tres, *qu'elle l'est en Poëtes Comiques,* elle ne » jouiroit pas d'une grande réputation. Il reproche » ensuite à tous les Auteurs Comiques d'Italie, » *même les Modernes,* de faire trop acheter la jouis- » sance de quelques Scenes bien faites, par l'en- » nui, souvent même le dégoût que donnent leurs » Pieces. Un mauvais plan, *continue le Critique ;* » des Scenes mal attachées ; des entrées & des sor- » ties, peu, point, ou mal motivées ; des farces » dignes des tréteaux ; des dénouemens brusques, » ou invraisemblables ; voilà l'histoire exacte de » toutes les Comédies Italiennes ». On excepte ce- pendant de cette proscription générale les Pieces du célebre *Goldoni,* dans une Note où l'on rend jus- tice à ses talens.

Nous adhérerions volontiers à la censure, en ce

qui concerne l'*ancien Théâtre Italien*, dont on nous a donné de mauvais cannevas : mais nous ſommes bien éloignés de croire ce Théâtre auſſi dénué de bonnes Pieces, que le Journaliſte voudroit le faire entendre, en nous perſuadant que les Jeux de l'aimable Thalie y ſont encore dans l'enfance; & qu'on n'y trouve que des Pantalons, des Scaramouches, des Arlequins & des Pierrots. Nous ſommes convaincus, d'après nos recherches, que depuis le quinzieme Siécle, lors de la renaiſſance des Lettres en Italie (*), juſqu'à nos jours, il y a toujours eu une chaîne de Poëtes Comiques, qui ont enrichi la Scene Dramatique de Pieces propres à donner une toute autre idée de ce Théâtre. Nous pouvons même aſsûrer qu'à s'en tenir au Théâtre moderne, qui a été relevé de nos jours par les *Goldoni*, les *Chiari* & autres Poëtes Comiques, il s'en faut beaucoup que nous puiſſions former une collection auſſi ample d'excellentes Comédies de tout genre, même

---

(*) Pendant tout le quinzieme Siécle que l'Italie cultiva ſeule les Lettres & les Arts, l'ignorance étoit ſi profonde ailleurs, ſurtout en France & en Angleterre, que c'étoit une merveille de trouver des perſonnes qui ſcuſſent lire & écrire. Ce rare talent ſuffiſoit pour exempter les coupables de la hart. On peut voir ce qu'on a dit ſur le *Bénéfice de Clergie*, dans le Tome I. de la *Deſcription générale & particuliere de la France grand in-folio.*

des Pieces de caractere, que les Italiens. Nous en fournirions la preuve, si nous pouvions espérer de faire passer dans notre Langue toutes celles que nous croyons dignes des honneurs de la Traduction; & si nous étions soutenus dans cette longue entreprise par les encouragemens du Public, dont nous nous contentons de pressentir le goût par ce premier essai.

Si l'Italie ne peut nous opposer un Moliere, (ce dont les Poëtes de cette Nation sont encore loin de convenir) combien a-t-elle sur nous d'autres avantages, que ce n'est pas ici le moment d'exposer? Ce n'est qu'après avoir donné la traduction des meilleures Comédies Italiennes; & lorsque le Lecteur aura sous les yeux plusieurs Pieces de comparaison, qu'on pourra se permettre des observations réfléchies sur la différence du Théâtre Comique des deux Nations. D'ailleurs, nous donnerons dans chaque Volume, des Dissertations sur la Poétique du Théâtre, ou des remarques critiques sur les Pieces qui seront traduites. C'est une nouvelle mine, dont on entreprend l'exploitation : il ne faut pas craindre de la voir épuisée de sitôt. On connoît la fécondité des Poëtes Italiens ; & l'on ne sera embarrassé que du choix. Le seul Abbé *Chiari*, Poëte de l'Empereur à Milan, nous fournira plus de cinquante Pieces en Vers ; & l'on peut en tirer au moins autant du Théâtre de *Goldoni*, fans parler des autres, dont nous ferons le triage. Au refte, notre Traduction ne fera pas tellement littérale, que nous foyons affervis à rendre exactement chaque mot par des termes correfpondans ; nous fuivrons le précepte, *nec verbum verbo*, &c. que nous avons pris pour épigraphe. Ces traductions feront cependant affez exactes, pour aider ceux qui voudront apprendre l'Italien, en les comparant avec l'Original. Peut-être même, fi on paroît le defirer, donnerons-nous le texte Italien au *verfo* de la Traduction Françoife ; mais nous n'avons pas cru devoir mettre le texte de la *Donna di Garbo* dans ce Volume, parce que c'eft une Comédie en Profe, qui l'auroit inutilement groffi. J'ai mieux aimé mettre à la tête une fcavante *Differtation Hiftorique & critique fur les Théâtres anciens & modernes*, extraite des Œuvres de l'Abbé *Chiari*. Cette excellente piece fuppléera, à ce que j'aurois pu dire moi-même fur ce fujet dans le Difcours préliminaire. Je renvoie au volume fuivant ce qui concerne *l'Hiftoire des Spectacles en France & en Italie*, qui ont pris leur fource dans la *Fête eccléfiaftique des Fous*, & dans la repréfentation des *Myfteres & Moralités*.

DISSERTATION
HISTORIQUE
ET CRITIQUE
SUR LE THÉATRE,
ANCIEN ET MODERNE (1).

Il n'y a point de Spectacles au monde plus fréquentés que les Théâtres, & dont cependant on sort assez souvent fort peu satisfait. Le Théâtre étant toujours composé

---

(1) La Dissertation Italienne dont je donne ici une traduction libre, est de l'Abbé *Chiari*, l'un des restaurateurs du Théâtre moderne, & l'un des Poëtes les plus féconds que l'Italie ait produit. Comme l'objet de cette Dissertation roule plus sur la *Comédie* que sur les autres genres de Spectacles, j'ai cru qu'avant tout il étoit à propos de faire connoître ses *principes*, ses *moyens* & *sa fin.*

La *Tragédie* est, suivant Aristote, Poét. Liv. VI, *l'imitation d'une action* qu'il appelle *fable*, ou composition du sujet. Ainsi la fable ou le sujet bien ordonné est la partie importante de la Tragédie, & les mœurs n'y tiennent que le second rang ; puisque, suivant le même Aristote, il peut y avoir des Tragédies sans mœurs, & qu'il ne peut y en avoir sans action. La sensibilité humaine est le principe d'où elle part ; le pathétique en est le moyen ; l'horreur des grands crimes & l'amour des sublimes vertus sont les fins qu'elle se propose. *La Comédie* au contraire est *l'imitation des mœurs mises en action* ; ensorte que les mœurs en forment le principal, & l'action ou la fable n'en est que l'accessoire, comme l'a très-bien remarqué Madame Dacier dans sa docte Préface sur Térence. Ainsi la fidelle peinture des mœurs dans laquelle ont excellé Térence & Moliere,

d'un affemblage de perfonnes, qui différent de tempérament, de fexe & d'inclinations, il faudroit qu'un Auteur dramatique connût à fond le cœur de l'homme &

---

eft préférable dans la Comédie, à la difpofition du fujet. On peut juftifier ce goût par la peinture. Toutes les figures bien finies & naturelles feront excufer dans un tableau les défauts de l'ordonnance ; mais l'ordonnance la plus belle & la plus réguliere pourroit-elle faire excufer les défauts des figures ?

M. Marmontel entre bien dans cette idée, lorfqu'il dit que la *Tragédie eft un tableau d'hiftoire*, & *la Comédie un portrait* ; non le portrait d'un feul homme comme la fatyre, mais d'une efpece d'hommes répandus dans la fociété, dont les traits les plus marqués font réunis dans une même figure ; d'où il conclut avec raifon que la Comédie eft une *imitation exagérée des mœurs mifes en aétion*. Mais eft-il également fondé à conclure que *l'aétion* de la Comédie nous étant plus familiere que celle de la Tragédie, les regles y doivent être plus rigoureufement obfervées ? Ne prend-il pas ici les mœurs pour l'aétion ? En effet, combien de piéces admirables dans Térence & Moliere péchent par le fond du fujet ? Tandis que les mêmes défauts dans la fable d'une Tragédie en feroient un monftre hideux.

Le même Auteur a faifi avec plus de vérité, & exprimé avec plus de fineffe le *principe*, les *moyens* & la *fin* que fe propofe la Comédie. La malice naturelle aux hommes en eft, dit - il, le *principe*. Nous voyons les défauts de nos femblables avec une complaifance mêlée de mépris, lorfque ces défauts ne font ni affez affligeants pour exciter la compaffion, ni affez révoltants pour donner de la haine, ni affez dangereux pour infpirer de l'effroi. Ces images nous font fourire fi elles font peintes avec fineffe ; elles nous font rire, fi les traits de cette maligne joie, auffi frappants qu'inattendus, font aiguifés par la furprife. De cette difpofition à faifir le ridicule, la Comédie tire fa *force* & fes *moyens*. Il eût été fans doute plus avantageux de changer en nous cette complaifance vicieufe, en une pitié philofophique ; mais on a trouvé plus facile & plus fûr de faire fervir la malice humaine à corriger les autres vices de l'humanité ; à-peu près comme on emploie les pointes du diamant à polir le diamant même : c'eft là l'*objet* ou la *fin* de la Comédie.

tous ſes replis, pour ſe flatter d'un ſuccès aſſuré ; mais
ce ſeroit une folie de croire, que les meilleures Piéces
puiſſent contenter toute l'aſſemblée, & ſatisfaire à la
fois tous les goûts. Ceux qui fréquentent le Théâtre,
chacun d'après ſes principes, ſont diviſés en pluſieurs
claſſes, comme Horace l'obſerve lui-même dans ſa
Paëtique. Les uns y vont par oiſiveté, les autres par habitude ou par air, d'autres pour s'amuſer, d'autres pour
s'inſtruire ; & un aſſez grand nombre encore avec la cer-
titude de s'y ennuyer, & d'en revenir avec très-peu de
ſatisfaction. Par quelle ſingularité néanmoins tous s'ac-
cordent-ils à y aller en bon nombre, à y aller ſouvent,
& à reſter fort mal à l'aiſe des heures entiéres dans un
profond ſilence ? Ce ſeroit peut-être là un problême
aſſez difficile à réſoudre, & qui fourniroit pluſieurs réflexions philoſophiques ſur la nature & la diverſité du cœur
humain.

Si le Théatre ancien n'a pas eu ſon pareil, c'eſt principalement par les effets qu'il produiſoit ſur les Spectateurs ;
ce fut ſans doute une des plus belles découvertes de l'eſprit humain pour perfectionner l'homme moral, & le
rendre ſociable. Sans une pareille culture des mœurs
publiques, l'eſprit de ſociété, que nous tenons en partie
de l'inſtinct & de la nature de notre être, auroit eu peine
à ſubſiſter parmi les hommes. Il eût été impoſſible de leur
apprendre, un à un, tous les devoirs de l'homme & du
citoyen. Il falloit ouvrir une école publique pour la correction des vices, ſans les corriger par force. L'autorité
faſtidieuſe de l'enſeignement & des préceptes pouvant re-
buter, on s'appliqua à donner aux hommes des Maîtres plus
agréables ; & conſéquemment plus propres à les perſuader
& à les ſéduire par le plaiſir, les jeux, les ris & le tableau

mouvant des paffions humaines. De là l'invention des Théâtres groffiers, & fort imparfaits dans leur origine ; mais capables de s'améliorer avec le temps, & toujours fondés fur la grande maxime de favorifer l'efprit focial, & de perfectionner les mœurs & Coutumes.

La plûpart des érudits vont chercher l'invention du Théâtre dans les *Repréfentations Tragiques* des anciens. Le Giraldi & Scaliger (1) trouvent qu'il eft fait mention de quelques Tragédies, repréfentées au concours de plufieurs Poëtes fur le tombeau de Théfée. D'autres critiques refpectables croient trouver l'origine de la Tragédie dans l'*Iliade* d'Homere, & celle de la Comédie dans l'*Odiffée*. C'étoit l'opinion de Cafaubon & de Voffius (2). On en conclut que la Tragédie eft plus ancienne que la Comédie ; raifon affez médiocre d'ailleurs, puifqu'Homère pouvoit avoir compofé l'Odyffée avant l'Iliade ; & d'autres Critiques, comme Saumaife, Dempfter, Pitifcus (3), font remonter la Tragédie jufqu'au temps d'Orefte, & en attribuent l'invention à un certain Téoni ; mais cette opinion eft détruite par celle de Suidas, qui nomme Epigène pour inventeur de la Tragédie, & qui compte feize Poëtes tragiques depuis lui jufqu'à *Thefpis*, qu'Horace (4) nomme expreffément pour le premier Auteur de la Tragédie, inconnue avant lui.

---

(1) Dialog. de Pantom : de théât. lib. 2.

(2) De Satyr : Inftit. poét.

(3) Exercit. Plinian : antiq. Rom : Lexicon antiq.

(4) *Poét. v. 275.* Tous les modernes ont adopté le fentiment d'Horace, & regardent *Thefpis* comme inventeur de la *Tragédie*, Drame confiftant originairement dans un fimple chœur qui chantoit des Hymnes en l'honneur de Bacchus. Un bouc facrifié à ce Dieu étoit le prix du meilleur chanteur ; d'où vient le nom de *Tragédie* ;

Si toutes les conjectures fur ce fujet font vaines & fauffes, il feroit plus vraifemblable de croire que la Comédie eft bien antérieure à la Tragédie. Ariftote nous apprend, (*Poet. 6.*) que celle-ci fut toujours la repréfentation des faits les plus courageux & les plus héroïques, tandis que la Comédie ne fut jamais que l'imitation exacte des mœurs vulgaires, & des évènemens journaliers qui arrivent parmi le commun des hommes. Qui ne voit que toutes les inventions commencent toujours par les chofes plus communes, & les principes les plus faciles? & que, conféquemment, les actions du peuple auront toujours été mifes fur la fcène pour les imiter, avant les actions des Dieux, des Héros & des Grands?

Il feroit inutile fans doute de rechercher quel a été le premier Poëte comique, puifque Varron a échoué lui-même dans cette recherche (1). On s'accorde avec Scaliger,

---

de forte que les premiers Acteurs n'étoient que des Chanteurs & des Muficiens. Thefpis, felon Boileau, & ceux qui ont adopté ce fyftême, fut le premier qui, à ce chœur très-informe, mêla pour le foulager un Déclamateur qui récitoit quelqu'aventure héroïque ou comique. Efchyle, à qui ce perfonnage feul parut ennuyeux, tenta d'en introduire un fecond, & convertit les anciens récits en Dialogues. Avant lui, dit M. l'Abbé Mallet, les Acteurs barbouillés de lie, & traînés fur un tombereau, amufoient les paffants. Il donna la premiere idée des théâtres ; & à fes Acteurs des habillements plus majeftueux, & une chauffure plus avantageufe qu'on nomma *Brodequin* ou *Cothurne.* Sophocle ajouta un troifieme interlocuteur, & les Grecs, fe bornerent à ce nombre, &c. &c.

Il eft difficile d'admettre cette origine de la Tragédie & de la Comédie, puifque Suidas, qui en attribue l'invention à Epigene, compte feize Poëtes tragiques avant Thefpis qu'on nous donne pour le premier. D'ailleurs les raifons rapportées dans la Differtation Italienne de l'Abbé Chiari, dont je donne ici l'extrait, paroiffent fans replique.

(1) *Pitifcus, Lexicon Ant.* M. Marmontel, plus favant que Varron,

Giraldi & Vossius, à dire qu'Epicharme a eu le premier le mérite, d'avoir réduit l'art de la Comédie en systême, d'avoir tracé des plans uniformes, des régles & des exemples. Mais tout ne se fait pas tout de suite, ni par un homme seul. Ces régles mêmes auroient autorisé dans la Comédie d'intolérables abus, si les Loix n'y avoient pourvu à mesure qu'on en découvroit les inconvéniens par l'usage. Assez long-temps la Grèce défendit à ses Poëtes d'introduire sur la scène des personnages vivans, comme avoit fait Aristophane dans la Comédie des Nuées pour la personne de Socrate, ce martyre de la Philosophie. La gloire de perfectionner le Théâtre sur le style grossier des mœurs antiques, étoit réservée à ce même Aristophane & à

---

a cru pouvoir fixer l'époque précise de la naissance de la Comédie. Voici ce qu'il en dit dans l'Encyclopédie au mot *Comédie*. « Sur le » chariot de Thespis, dit-il, la Comédie n'étoit qu'un tissu d'inju-» res adressées aux passants par des vendangeurs barbouillés de lie. » Cratès, à l'exemple d'Epicharme & de Phormis, Poëtes Siciliens, » l'éleva sur un Théâtre plus décent & dans un ordre plus régulier. » Alors la Comédie prit pour modele la Tragédie inventée par Es-» chyle ; ou plutôt, l'une & l'autre se formerent sur les poésies » d'Homére ; l'une, sur l'Iliade & l'Odyssée ; l'autre sur le Margites, » poëme satyrique du même Auteur ; & *c'est là proprement l'époque* » *de la naissance de la Comédie Grecque.* » Cet Auteur la divise en Comédie ancienne, *moyenne* & *nouvelle* ; moins par ses âges que par les modifications qu'on y observa successivement dans la peinture des mœurs. D'abord on osa mettre sur le théâtre d'Athenes des satyres en action, c'est-à-dire des *personnages connus & nommés*, dont on imitoit les ridicules & les vices. Telle fut la Comédie ancienne. Les loix ayant défendu de nommer, la ressemblance des masques, des vêtements, de l'action, désignoient si bien les personnages, qu'on les nommoit en les voyant, comme dans Aristophane & Plaute : telle fut la Comédie moyenne. Ménandre inventa la Comédie nouvelle, &c.

Ménandre. C'est d'eux que la *Comédie* reçut ses loix &
les *trois parties* dont elle étoit alors composée (1), sçavoir
le *chant* à une ou deux voix, avec des accompagnemens
d'instrumens ; le *chœur*, composé de plusieurs chanteurs;
& enfin le *dialogue* de trois ou quatre personnes, mais
jamais plus. Les Poëtes comiques, postérieurs à Ménandre, ne retinrent que la derniere partie, en faisant du
chant, du chœur & du dialogue, une seule & même
chose ; & en augmentant le nombre des interlocuteurs, à
mesure qu'ils en avoient besoin; comme on peut le voir
dans les Comédies de Plaute & de Térence (2).

---

(1) *Marescotti de person. & larvis : Casali de Urb. splend. : Giraldi
poëtic. &c.* On voit bien qu'il ne faut pas confondre les *trois parties*
dont l'ancienne Comédie étoit composée, avec ce qu'on appelle aujourd'hui les *Actes* qui forment la division des Piéces dramatiques.
Les anciens Poëtes ne connoissoient point ces sortes de divisions.
Il est vrai que leurs Pieces sont de temps à autres interrompues par
des chants & des chœurs : mais ces especes d'intermédes se trou-
voient liés d'intérêt à l'action principale, avec laquelle ils ont toujours un rapport marqué. Ce n'étoient point des *Actes* dans le
goût des modernes ; & si on trouve ces sortes de divisions dans
leurs ouvrages, elles sont dues aux Editeurs & aux Commentateurs,
& nullement aux originaux. Il est vrai pourtant qu'ils consideroient
leurs pieces, comme consistant en plusieurs parties ou divisions, qu'ils
appelloient *épitase, catastase & catastrophe* ; mais il n'y avoit pas
sur le théâtre d'interruptions réelles, qui marquassent ces divisions;
ce sont les Romains qui en ont les premiers introduit l'usage, &
Horace en fait une loi :

> *Neuve minor, neu sit quinto productior actu*
> *Fabula, quæ posci vult & spectata reponi.*

(2) La Comédie laissa dans la suite à la Tragédie les *chœurs*, &
ne réserva que le Dialogue, que les Grecs fixerent à trois *Acteurs*,
& jamais plus. On regarda même comme une regle du Poëme Dra-

Le defir de la gloire & des applaudiffemens, le concours échauffant de plus en plus l'ame des Poëtes , ils étudierent avec foin les moyens de conferver l'eftime & l'approbation du Public, en joignant au mérite & au charme de la Poëfie tous les autres fecours dont elle étoit

matique de n'admettre jamais fur la fcene plus de trois interlocuteurs à la fois ; regle qu'Horace a exprimée dans ce vers :

Nec quartâ loqui perfonâ laboret.

Ce qui n'empêchoit pas que les troupes de Comédiens ne fuffent plus nombreufes ; mais felon Voffius le nombre de tous les Acteurs néceffaires dans une piece ne devoit pas excéder celui de quatorze. Avant l'ouverture de la piece on les nommoit en plein théâtre , & l'on avertiffoit du rôle que chacun d'eux avoit à remplir. Les modernes ont quelquefois mis fur le théâtre un plus grand nombre d'acteurs ; mais il en a fouvent réfulté de la confufion, dans la conduite de la piece.

A l'égard du *chant* qui étoit la troifiéme partie de la Comédie ancienne , il y a beaucoup de difficulté pour définir précifément ce qu'on entendoit par-là. Les Grecs n'eurent point de poéfie qui ne fût chantée. Les *poëmes épiques* d'Homère & d'Héfiode fe chantoient, comme on chante encore de nos jours en Italie la *Jerufalem* du *Taffe* : ce qui prouve que la Langue Italienne eft plus lyrique , plus muficale que les autres ; puifqu'on ne chante point parmi noùs la *Henriade* ou le *Lutrin*, ni chez les Anglois le *Paradis perdu*. La Poéfie Dramatique avoit auffi fon chant , à la vérité moins chargé d'inflexions que la poéfie lyrique ; mais il n'en étoit pas moins un vrai chant ; & les Tragédies anciennes , grecques & latines , étoient de véritables opera. Les Comédies fe chantoient auffi , puifque dans les Didafcalies , ou les titres des Comédies de Térence, on nomme les Muficiens qui en ont fait la Mufique, & les flûtes gauches ou droites , égales ou inégales, dont on accompagnoit la déclamation comique. Il y avoit même plufieurs fortes de modes & de mufiques, pour la même Comédie. La forme & l'ufage de ces flûtes font le défefpoir des Commentateurs.

susceptible, pour rendre leurs Piéces plus agréables, & plus dignes de la majesté du Spectacle. Les premiers Théâtres n'étoient que de vastes chariots plats; sur lesquels circuloient, d'un lieu à un autre, les Troupes comiques pour réciter leurs Comédies. Dans le commencement ils ne sçavoient d'autres moyens, pour cacher leur taille & leur visage, que de se barbouiller & de se vétir de peaux de boucs; d'où est venu, dit-on, le nom de *Tragédie*, comme celui de *Comédie* est venu de leurs courses dans les Bourgs & Villages. Peu à peu les Théâtres s'éleverent, se fixerent & s'embellirent avec des scènes mobiles, garnies de franges d'or & d'argent. On en vint jusqu'au luxe, de construire des Théâtres entierement de marbre avec des dépenses incroyables. Et pour devenir en quelque sorte, l'émule de la nature, l'art imagina des machines propres à imiter sur la scène l'éclair, & le bruit de la foudre (1) &c. Quant à l'usage des masques, il en vint depuis le point de se barbouiller de fange, ou de se couvrir le visage avec des feuilles de figuier; ensuite de mettre des coëffures posti-

---

(1) *Philip. Pareo, de vitâ & script. Plauti.* La savante Madame Dacier, dans ses traductions de Plaute & de Térence, parle souvent des machines de théâtre & des masques dont se servoient les Acteurs. Elle cite deux manuscrits des Comédies de Térence qui sont à la Bibliotheque du Roi, & dont le plus moderne paroît avoir plus de 900 ans, où l'on voit au commencement de chaque scene des figures dessinées, dont le geste & l'attitude répondent parfaitement aux passions & aux mouvements que le Poëte a voulu donner à ses personnages. Tout le monde sait que les anciens Acteurs déclamoient sous le masque, & qu'ils étoient obligés de pousser extrêmement leurs voix pour se faire entendre à un peuple innombrable qui remplissoit les Amphithéâtres; qu'ils étoient accompagnés d'un joueur de flûte qui préludoit, leur donnoit le ton, & jouoit pendant qu'ils déclamoient, comme je l'ai observé dans la note précédente.

ches, comme font à-peu-près nos perruques ; enfin de fe couvrir de mafques monftrueux, dont Horace, *Poëtic.* 278, dit qu'Efchyle fut l'inventeur parmi les Grecs ; comme Rofcius - Gallus fut le premier (1) qui s'en fervit parmi les Latins ; ufage qui fut repris par les Italiens modernes, & confervé encore dans plufieurs rôles, tels que celui d'Arlequin, &c.

Non-feulement les Poëtes, dans le defir de fe faire un nom, perfectionnèrent ainfi les Théâtres ; mais là politique des Magiftrats concourut encore au même but, pour occuper agréablement les citoyens, & les détourner de cabaler dans les affaires. Les Spectacles les plus agréables que la Grèce pût donner aux Jeux Olympiques, Ifthmiques, Pythiens & Néméens, étoient ceux des

---

(1) L'Abbé Chiari fe trompe ici, en attribuant l'invention des mafques parmi les Latins à *Rofcius Gallus.* Madame Dacier dit dans fa Préface de Térence, que de tout temps chez les Romains il n'y avoit point d'Acteurs qui n'eût un mafque. C'eft pourquoi dans les deux manufcrits anciens des Comédies de Térence qui font à la Bibliotheque du Roi, il y a une planche à la tête de chaque Comédie, où l'on voit autant de mafques qu'il y a d'Acteurs. Mais ces mafques n'étoient point faits comme les nôtres qui couvrent feulement le vifage. C'étoit une tête entiere, qui enfermoit toute la tête de l'Acteur. On n'a qu'à fe repréfenter un cafque, dont le devant auroit la figure du vifage, & qui feroit coiffé d'une perruque ; car il n'y avoit point de mafques fans cheveux. Madame Dacier a fait graver toutes les figures de ces manufcrits, & les planches de ces mafques qui fervent à faire comprendre cette fable charmante de Phédre :

> *Perfonam tragicam fortè vulpes viderat ;*
> *O quanta fpecies ! inquit, cerebrum non habet.*

Oh la belle tête ! dit un Renard en voyant un mafque de théâtre ; mais elle n'a point de cervelle.

Poëtes, qui y repréfentoient tour à tour leurs Comédies
& Tragédies. On y décidoit folemnellement quelles
étoient les meilleures piéces ; & le vainqueur obtenoit la
couronne & le prix, que lui décernoient les Loix. Dans
ces combats poétiques, ce n'étoit ni la prévention ni la
cabale, ni les factions & les partis qui décidoient du
mérite des Poëtes. Paufanias nous apprend (1) qu'il y
avoit des Magiftrats publics, dont les fonctions étoient
de préfider à ces fortes de fpectacles, pour faire juftice

____

(1) *Burette, Diſſert. 3.* Il feroit à fouhaiter qu'il y eût parmi nous
de pareils Tribunaux de Spectacles, auxquels les Poëtes puffent pré-
fenter leurs pieces, & qu'il y eût des prix & des récompenfes pour
ceux dont les ouvrages mériteroient d'être couronnés ; indépendam-
ment du plaifir qu'ils auroient à voir repréfenter leurs pieces d'après
l'ordonnance de Juges compétens, ce feroit un moyen infaillible
d'exciter l'émulation, par un concours public ouvert à tous ceux qui
auroient des prétentions ; l'on ne verroit plus la cabale & l'intrigue
étouffer les talens modeftes & timides ; on ne fe plaindroit plus de
la difette de bonnes picces, dont fe reffentent tous nos théâtres. Le
métier d'Auteur eft tellement avili parmi nous, qu'un galant homme rougit de paffer pour tel. Nous admettons les mêmes contradic-
tions à l'égard des Comédiens ; leur profeffion eft méprifée ; l'Eglife
les excommunie, & leur refufe la fépulture lorfqu'ils n'ont pas re-
noncé au théâtre avant leur mort : mais nous les enrichiffons ; ils
ont des privileges, des exemptions ; ils font conftitués feuls Juges
des pieces de théâtre ; le fort, la fortune & la réputation d'un Auteur dependent uniquement de leur bonne ou mauvaife volonté, &c.
Concilions-nous donc avec nous-mêmes. Si nous admettons les dé-
cifions des Loix Romaines, des Conciles & des Capitulaires, qui
déclarent les Comédiens infames, incapables de rendre témoignage,
& d'intenter aucune action en juftice, dérogeant à la nobleffe, &c. il
ne faut donc pas les rendre maîtres de repouffer le génie & les talens
qui pourroient enrichir leurs théâtres, des chef-d'œuvres dont ils
ont fi grand befoin pour fe foutenir.

aux concurrens. C'eft à un de ces fortes de Tribunaux, qu'Efchyle préfenta cinq Satyres & foixante - dix Tragé-dies, pour lefquelles il remporta treize fois la couronne de vainqueur. Elien raconte que Pindare fut vaincu cinq fois devant les Juges de Thèbes par la fameufe Co-rinne ; & qu'un certain Zénocle obtint le prix de la *Tétra-logie*, quoiqu'il eût Euripide même pour compétiteur. (*Voyez le Scholiafte d'Ariftophane fur les Nuées.*) Ces fortes de *Tétralogies*, qui faifoient la matiere du combat des Poëtes, étoient compofées de trois Tragédies, & une Satyre, telle que le Cyclope d'Euripide. Lorfque la Sa-tyre manquoit, ces compofitions dramatiques fe nom-moient *Triologies*, &c.

La Poëfie fcènique paffa des Grecs aux Romains ; & avec elle, les coutumes & la mode des Spectacles publics. Livius Andronicus fut le premier qui fe mit à écrire des Comédies latines ; bientôt marchèrent fur fes traces (1)

---

(1) Il y a eu un grand nombre de Poëtes Latins dont nous n'avons plus les pieces. On voit dans la vie de *Térence* par Suétone, qu'un Poëte fort ancien nommé *Volcatius*, dans fes jugements fur les Poëtes, ne lui donne que le fixieme rang parmi les Poëtes comiques : il place avant lui *Cécilius*, *Plaute*, *Nævius*, *Licinius & Atilius*. Ce jugement a lieu de furprendre ceux qui favent que Cicéron & Cefar, fi bons Juges en cette matiere, louoient Térence, dont le ftyle poli & fi plein de charmes l'a fait mettre au rang des plus grands Poëtes ; il eft vrai que Cefar le met au-deffous des autres pour la force co-mique, *vis comica*, fi néceffaire à ce genre. On convient en effet, que Plaute avoit plus d'efprit, & qu'il étoit fort au-deffus de lui par la vivacité de l'action & par le nœud des intrigues ; Cécilius, con-temporain de Térence, l'emportoit par la majefté de fes compofi-tions, le choix & la difpofition des fujets, comme Térence pour la peinture des mœurs. *In argumentis Cécilius pofcit palmam ; in Ethe-*
Licinius

Licinius, Cécilius, Plaute, Térence, & une multitude de Poëtes d'un moindre mérite, qui inondèrent
toute l'Italie de repréfentations de toutes fortes de genres
& de caractères. Les Comédies connues fous le nom d'*Atellanes*, paroiffent plus anciennes que toutes les autres : elles
eurent ce nom d'une petite ville de Campanie, qu'on
croit être aujourd'hui la ville d'Averfe, où elles furent
repréfentées pour la premiere fois (1). La fable & le ftyle

---

fin Terentius. Ce jugement de Varron eft confirmé par celui d'Horace :

    Vincere Cecilius gravitate, Terentius arte.

L'art en effet eft fi bien caché dans Térence, qu'on diroit que c'eft
la nature feule qui agit, & non pas le Poëte. Quant à la pureté du
ftyle, on fera toujours étonné qu'un efclave Carthaginois dont on
ignore le nom, (puifque celui de *Térence* eft le nom du Sénateur qui
l'avoit affranchi), ait pu parler la Langue des Romains dans un ftyle
fi chatié & fi pur, qu'on attribuoit de fon temps même fes compofitions aux plus polis des Romains. Mais Afranius, cet excellent
Poëte comique qu'Horace appelle le Ménandre de l'Italie,

    Dicitur Afrani toga conveniffe Menandro,

avoue lui-même dans le prologue d'une de fes Piéces, que Térence, fon contemporain & fon émule, l'emporte fur tous les Poëtes
comiques, & qu'il n'y avoit rien d'égal; *Terentio non fimilem dicas
quempiam.* Quelle perte que ce Poëte foit mort à l'âge de 35 ans,
au retour d'un voyage de Grece d'où il rapportoit plus de cent Piéces nouvelles !

(1) Sur les *Comédies Atellanes*, voyez Saumaife *in Plin.*; Cafaubon *de Roman. S.* 2. 4. On lit dans l'Encyclopédie au mot *Atellanes*, que c'étoient des Comédies fatyriques & bouffonnes qui tenoient leur nom d'Atella, aujourd'hui Saint-Arpino, ville du pays
des Ofques, ancien peuple du Latium, où elles avoient pris naiffance, & d'où elles pafferent bientôt à Rome : c'eft pourquoi on les
trouve nommées dans Cicéron *Ofis ludi*, & dans Tacite *Ofeum ludi-*

de ces anciennes Comédies, étoient facétieux & ridicules, sans pécher contre l'honnêteté des mœurs, tels que ces représentations infâmes, condamnées par Tite-Live, (*liv.* 7. 2.) Valere-Maxime, (*liv.* 2. 4.) & Cicéron, (*Epist. famil. liv.* 9. 16.). On trouve d'autres Comédies, sous le nom de Stataires, (*Statariæ.*) que le Giraldi (*Dial. Poët.* 6.) & Ferrari, (*Museo. Lap.* 3. 42.) assurent être celles qui exigent plus d'étude, de soins & de dépenses dans la représentation, comme l'*Hécyre* de Térence, & l'*Asinaire* de Plaute. On donnoit au contraire le nom de Co-

---

crum &c. C'est sans doute une faute d'impression parmi celles dont fourmille cette compilation, & il faut lire *Osci ludi, Oscum ludicrum.* Quoi qu'il en soit, l'Auteur convient que ces piéces n'étoient pas si absolument comiques, qu'elles exclussent tout sujet noble & sérieux ; que c'étoient quelquefois des *Pastorales Héroïques,* comme celle qui rouloit sur les amours de Paris & d'Œnone ; quelquefois c'étoit un mélange bisarre de tragique & de comique. Elles étoient jouées par des Pantomimes qu'on appelloit *Atellans* ou *Exodiaires,* parce que cet Acteur n'entroit qu'à la fin des jeux ; afin que toutes les larmes & la tristesse que causoient les passions dans la tragédie fussent effacées par les ris & la joie qu'inspiroient les *Atellanes.* Vossius, *Inst. Poët. liv.* 11, dit qu'on pourroit les appeller des *Comédies satyriques,* parce qu'elles étoient pleines de plaisanteries & de bons mots, comme les Comédies grecques qui portoient le même nom ; mais qu'elles n'étoient pas comme celles-ci représentées par des Acteurs habillés en satyres. Il distingue les *Atellanes,* des Mimes ; en ce que les Mimes étoient des farces obscenes, & que les *Atellanes* respiroient une certaine décence ; de maniere qee céux qui les représentoient n'étoient pas traités avec le même mépris que les autres Acteurs. On ne pouvoit pas même les obliger de se démasquer, quand ils remplissoient mal leurs rôles. Cependant ces Atellanes ne se continrent pas toujours dans les bornes de la bienséance qui y avoit d'abord regné ; elles devinrent dans la suite si licentieuses & si impudentes, que le Sénat fut obligé de les supprimer.

médies mouvantes, (*Motoriæ*) à celles qui exigeoient plus d'action & de spectacle, & qui coûtoient davantage pour être représentées; telles que l'*Amphitrion* du même Plaute.

Horace, (*Poët.* 288.) nomme deux genres de Comédies; l'une qu'il nomme *Togates*, & l'autre qu'il appelle *Prétextes... Vel qui Pretextas, vel qui docuere Togatas.* La différence entre ces deux sortes de Comédies, est un point fort débattu entre les Critiques, & non encore décidé. L'opinion de ceux qui croient que *Comédies Togates* signifioient ce que nous appellons aujourd'hui *Comédie noble*, ne roule que sur un misérable jeu de mots, qui leur fait croire que les *Togates* étoient plus nobles & plus honnêtes que les *Prétextes*, comme si la toge eût dû annoblir les Acteurs qui la revêtissoient sur la scène. En accordant qu'elles tenoient leur nom de la toge, comme les Comédies Grecques appellées *Palliatæ*, avoient pris le leur du *Pallium* ou manteau qui en étoit l'habit ordinaire; on peut opposer le témoignage de cent Auteurs respectables (1); qui prouvent que dans les Comédies *Togates*, il étoit permis de mettre sur la scène des personnages du caractère le plus vicieux, tels que sont dans les Comédies de Plaute & de Térence les Courtisannes, les Ruffiens, les Entremetteurs &c.; tandis que les Comédies *Prétextes* admettoient des personnages du plus haut rang; des fables & des intrigues pleines de noblesse & de décence (2).

---

(1) Le *Lexique* de Piriscus; Ferrari *de re vestiariâ*; Bulenger; *de theatr. t. 8*; Giraldi, *Dialog. de Poetic.* &c.

(2) Le petit nombre de Comédies qui nous restent des anciens, & qui se réduisent à celles d'Aristophane, de Plaute & de Térence, ne nous permet pas de distinguer par des exemples les différens Gen-

Nous apprenons de Suidas, (*Apud Pitisc. Lexic.*) qu'un certain Rainton de Tarente, en faisant un mêlange des choses sérieuses & burlesques, avoit introduit sur les Théâtres d'Italie, un nouveau genre de Comédies appellées de son nom *Rintonicæ* en latin, & qui répondent à ce que nous nommons aujourd'hui *Tragi - Comédies*. On trouve aussi mémoire de ce Poëte auprès d'Athenée, (*Diphnos. liv.* 3.) qui en cite une Comédie sous le nom

---

res de Comédies dont on trouve des traces ou des définitions dans les Auteurs & les Poétiques. De-là ces disputes littéraires entre les critiques & les érudits, qui roulent sur des mots, & qui ne servent en rien aux progrès de l'art, faute d'application aux piéces qui nous manquent dans le genre de Comédie qu'on voudroit définir. Je vais opposer à tout ce morceau du Chiari, l'érudition de nos *Encyclopédistes*, sur le même sujet traité au mot *Comédie* (Hist. anc.) ; on pourra comparer. La Comédie des Anciens, disent les Encyclopédistes, prit différents noms, relativement aux circonstances, dont nous allons faire mention.

La Comédie *Atellane* étoit un tissu de plaisanteries, la langue en étoit Oscique ; elle étoit divisée en Actes ; il y avoit de la musique, de la pantomime & de la danse ; de jeunes Romains en étoient les Acteurs. (*Voyez la note précédente.*)

Les *Comédies mixtes*, où une partie se passoit en récit, une autre en action ; ils disoient qu'elles étoient *partim statariæ, partim motoriæ*, & ils citoient en exemple l'*Eunuque* de Térence.

Les *Comédies* appellées *Motoriæ*, celles où tout étoit en action, comme dans l'*Amphitrion* de Plaute.

Les *Comédies* appellées *Palliatæ*, où le sujet & les personnages étoient Grecs, où les habits étoient Grecs, où l'on se servoit du *pallium*. On les appelloit aussi *crepidæ*, chaussure commune des Grecs.

Les *Comédies* appellées *Planipediæ*, celles qui se jouoient à pieds nuds, ou plutôt sur un Théâtre de plein pied avec le rez-de-chaussée

d'*Amphitrion*, à l'imitation de celle de Plaute. Les Romains eurent encore l'usage d'autres Comédies appellées
en Latin *Tabernariæ*, mot qui correspond à ceux de *farces
de cabaret*, & aux *burlette di Piazza* des Italiens. Elles

Les Comédies appellées *Prætextatæ*, où le sujet & les personnages
étoient pris dans l'état de la noblesse & de ceux qui portoient les
togæ prætextæ.

Les Comédies appellées *Rhintonicæ*, ou Comique larmoyant, qui s'appelloient encore *Hilaro-Tragœdiæ*, ou *Comœdia Latina-Italica*; l'inventeur en fut un bouffon de Tarente nommé Rhintone.

Les Comédies appellées *Statariæ*, celles où il y avoit beaucoup de
dialogue & peu d'action, telles que l'*Hécyre* de Térence & l'*Asinaire*
de Plaute.

Les Comédies appellées *Tabernariæ*, dont le sujet & les personnages étoient pris du bas peuple & tirés des tavernes. Les Acteurs y
jouoient en robes longues, *togis*, sans manteaux; ou à la Grecque,
palliis.

Les Comédies appellées *Togatæ*, où les Acteurs étoient habillés de
la toge. Stephanius fit les premieres : on les sous - divisa en *Togatæ*
proprement dites, *Prætextatæ*, *Tabernariæ*, *Atellanæ*; les *Togatæ* tenoient le milieu entre les *Prætextatæ* & les *Tabernariæ*; c'étoient les
opposées des *Palliatæ*.

Les Comédies appellées *Trabeatæ*; on en attribue l'invention à
Caïus Melissus. Les Acteurs y paroissoient *in trabeis*, & y jouoient
des triomphateurs, des Chevaliers. La dignité de ces personnages si
peu propres au comique, a répandu bien de l'obscurité sur la nature de ce spectacle.

On voit par cette longue énumération des différens genres comiques, combien la scene devoit être riche en pieces de toutes especes
chez les Romains; puisque chez nous où elle est si abondante, on
n'en connoît que de trois sortes : *Comique noble*, *Comique bourgeois*,
& *bas Comique*. Celui qu'on nomme *larmoyant*, se confond avec le
Comique noble; & celui de *caractere* se perd avec le Comique bourgeois, &c.

font clairement défignées par le même Horace, (*Poetic.* 223.)

    Migret in obfcuras humili fermone tabernas.

Le nom de ces Comédies étoit adapté aux caractères de leurs Acteurs ; parce qu'on n'introduifoit fur la fcène que les perfonnages les plus vils, & qu'on n'y repréfentoit que des actions baffes & Plébéiennes. Diomèdes nous apprend que perfonne n'égala Ennius & Afranius, dans ces fortes de compofitions ridicules. Mais on peut croire qu'ils ont été furpaffés de nos jours par les Italiens, qui ont toujours aimé ces fortes de farces burlefques.

Les Lettres fuivirent les dégrés de la décadence de la République Romaine, & déchurent peu à peu de leur antique fplendeur. Le Théâtre, en perdant de vue l'excellent but de l'inftruction, conferva le droit & la prérogative heureufe de faire rire & d'amufer ; befoin dont l'humanité ne peut fe paffer, pour endormir autant qu'il eft en elle, le fentiment douloureux des peines, qui font la fuite inévitable des mauvaifes légiflations. D'ailleurs, tous les fiécles ne produifent pas des Plaute & des Térence ; & il étoit trop fatigant fans doute, de marcher fur les traces de ces grands Hommes. Au-lieu que le premier Bouffon pouvoit trancher du Poëte, pour faire des Comédies de taverne (*tabernariæ*), ou des farces de place. Tels étoient auffi le goût & les inclinations baffes d'un Peuple groffier & endurci dans fes habitudes vicieufes. Les Comédiens y étoient également portés par l'averfion de l'étude & l'avidité du gain ; ainfi l'Italie, qui ne fut remplie que de Baladins & de Saltimbanques pendant le cours de tant de fiécles, vit dégénérer fes Théâtres faute de grands Maîtres dans l'art Comique, dont le génie fublime eût pu fournir l'exemple & le précepte,

Au-lieu d'être l'Ecole des bonnes mœurs, la scène ne fut plus que l'asyle de l'ignorance & de la licence la plus effrontée (1).

Les Théâtres Italiens restèrent ensévelis pendant plusieurs siécles dans cette barbarie lamentable, jusqu'à la renaissance des Lettres dont l'Italie fut le refuge après la prise de Constantinople, & la destruction de l'Empire d'Orient par les Turcs vers le milieu du quinzième siécle. Le Fontanini (*Eloquen. Italian.*) prétend que le premier qui se mit à écrire des Comédies en Vers Italiens, fut Jacques Nardi de Florence, Traducteur assez renommé de Tite-Live. Le Crescenbini, (*Poesi. Italian.*) soutient au contraire qu'on doit attribuer cet honneur à l'Arioste. Mais ils se trompent tous deux, parce qu'ils n'avoient pas connoissance d'une certaine Comédie de Sicco Polentone, de Padoue, intitulée *Catinia*, & imprimée à Trente en 1482 ; tandis que la Comédie du Nardi, sous le titre de l'*Amicizia*, ne fut écrite que vers l'an 1499, comme on le résume de quelques stances de l'Auteur, qui se trouvent à la fin de sa Comédie.

Depuis ce temps l'Italie eut toujours, tantôt plus, tantôt moins de Poëtes, qui écrivirent des Comédies Ita-

---

(1) L'Auteur Italien de la Dissertation que j'abrége, laisse ici un vuide dans l'histoire des Théâtres, depuis la décadence de l'Empire Romain jusqu'à la renaissance des Lettres. Je remplirai ce vuide peu connu des Littérateurs, par une *Dissertation sur l'origine des théâtres modernes*, qui sera insérée dans un des volumes suivants. En attendant, on peut remarquer ce que j'ai dit dans le *Tom. I. de la Description de la France ; gr. in-fol.* p. 176 & f. où j'ai donné l'histoire de la Fête ecclésiastique des Fous, & de la célébration scénique des mysteres & des martyrs des Saints, qui se jouoient dans les Eglises aux Fêtes solemnelles, & sous les porches des Temples.

liennes ; mais ce n'eft pas ici le lieu d'en donner le Catalogue (1). On a quelques belles Piéces, compofées d'après le bon goût des repréfentations dramatiques des Grecs & des Latins (2) ; mais aucun Poëte ne fe fit une occupation continue de ce genre de travail, feul moyen d'amener l'art à fa perfection, & les Baladins continuerent à prévaloir. De là il eft arrivé que les Théâtres d'Italie eurent infiniment plus de peine à fe relever de leur déplorable ruine que le Théâtre François, qui par cette raifon prétend (on ne fçait trop pourquoi) la prééminence & l'ancienneté. Si l'Italie avoit eu un *Moliere*, elle auroit

---

(1) Nous aurons occafion d'en parler dans ce *nouveau Théâtre Italien*, en donnant la traduction des meilleures pieces Italiennes, fi le Public paroît agréer cette entreprife.

(2) C'eft ce goût pour l'imitation des anciennes Tragédies Grecques, qui a donné naiffance à l'*Opera*, que nous devons à l'Italie ; les Poëtes voulurent introduire fur la Scène (à l'imitation des Grecs,) Melpomene, avec la Mufique, la Danfe & toute cette pompe magique du Spectacle, dont elle étoit accompagnée au temps des Sophocle & des Euripide. En effet, l'*Opera* pris dans fon véritable fens, n'eft autre chofe qu'une *Tragédie en Mufique*. Mais depuis que le Cardinal Mazarin eut introduit parmi nous l'Opera, tel qu'il étoit de fon temps, & avec tous les défauts qu'on lui reprochoit, les accesfoires ont étouffé le principal ; la Mufique, la Danfe, les Ballets, le Spectacle, qui ne devoient être que les ornemens du fujet, l'ont fait difparoître au milieu de la pompe du fpectacle. Il étoit réfervé à l'immortel Métaftafe de rappeller l'Opera à fa véritable deftination, par le grand nombre de fes Tragédies propres à ce genre de repréfentations dramatiques. C'eft dans fes Opera que tout le fublime du fujet, tous les attraits de la Poëfie, fe réuniffent avec tout ce que la Mufique, la Pantomime, la Danfe & la Peinture peuvent produire de plus parfait, pour rendre l'Opera perfectionné, le chef-d'œuvre de l'efprit humain. Cette partie du Théâtre Italien moderne, fera examinée dans un volume féparé, auquel nous joindrons la Traduction des meilleurs Opera.

auſſi fait refleurir depuis long-temps la Poëſie ſur la Scène
Comique ; & j'oſe dire qu'elle ne manqueroit pas à pré-
ſent d'auſſi bons Drames, peut-être même meilleurs, ſi
elle avoit eu des Mécènes du caractère de Louis XIV,
pour protéger les Lettres dont l'Italie étoit la mere. Sans
doute Moliere reçut de la nature, un grand talent pour
perfectionner le Théâtre Comique ; mais la vérité, qui
ne ſe laiſſe point prévenir par la prévention nationale,
trouve dans ſes ouvrages des défauts aſſez conſidérables :
n'y eût-il que celui du ſtyle, qui y eſt fort négligé. Il eſt
avoué qu'en général, ſes Comédies ſont aſſez mal écrites ;
& ce fut un malheur pour ce grand homme, d'avoir beſoin
que d'autres Poëtes lui prêtaſſent leur plume pour verſi-
fier ſes propres penſées, comme en convient l'Auteur de
ſa vie, & comme on peut en juger par la diverſité du ſtyle
qui régne dans ſes Piéces (1).

Si le bon goût de la Scène Comique, introduit par
Moliere ſur le Théâtre François & admis depuis ſur
ceux d'Italie, va toujours en ſe perfectionnant, comme

---

(1) Cette rude Critique que fait l'Abbé Chiari, du ſtyle de notre
Prince des Poëtes Comiques, déplaira ſans doute à tous ſes admira-
teurs ; ſur-tout ſi l'orgüeil national venoit à ſe mêler de la diſpute.
Il eſt cependant vrai de dire que La Bruyere lui-même, l'Auteur du
Siécle de Louis XIV le plus digne de juger Moliere, l'a accuſé de
n'avoir pu *éviter le jargon*, & de n'avoir pas écrit purement. Mais
par combien d'éloges ce judicieux Ecrivain rachete l'inculpation bien
fondée qu'il fait du ſtyle de Molière, dans le Parallele qu'il en a fait
avec Térence ! *Il n'a*, dit-il, *manqué à Térence que d'être moins froid.
Quelle pureté, quelle exactitude ! quelle politeſſe ! quelle élégance ! quels
caractères ! Il n'a manqué à Molière que d'éviter le jargon, & d'écrire
purement ; Quel feu ! quelle naïveté ! quelle ſource de bonnes plaiſan-
teries ! quelle imitation des mœurs, & quel fléau du ridicule ! Mais quel
homme on auroit pu faire de ces deux Comiques !*

Il y a lieu de le préfumer, par le grand nombre de bonnes Piéces qui ont paru depuis cette époque ; je ne doute pas que l'Italie, qui a donné naiffance à tant de rares génies, ne produife avec le temps des Poëtes comiques, qui ne dégénéreront point de nos anciens Maîtres, & qui pourront difputer la palme avec fuccès aux Auteurs les plus renommés des Théâtres étrangers. Il paroît qu'aujourd'hui, toutes les Villes d'Italie font affez convaincues de cette grande maxime expofée au commencement de cette Differtation, que les Théâtres n'ont pas été inftitués uniquement pour faire rire ou pour amufer des fpectateurs oififs ; mais pour introduire, fous l'attrait du plaifir, ou par la crainte du ridicule, la correction & la réformation des mœurs (1). Il y a un mot célèbre d'Au-

(1) L'éloge que fait ici l'Abbé Chiari, du Théâtre moderne de fa Nation, fait un contrafte fingulier avec la fatyre de ce même Théâtre par M. Marmontel. Voici ce qu'il en dit dans l'Encyclopédie. « Un » Peuple qui a mis long-temps fon honneur dans la fidélité des fem- » mes, & dans une vengeance cruelle de l'affront d'être trahi en » amour, a dû fournir des intrigues périlleufes pour les Amans, & » capables d'exercer la fourberie des Valets. Ce Peuple, d'ailleurs » Pantomime, a donné lieu à ce jeu muet, qui, quelquefois, par » une expreffion vive & plaifante, & fouvent par des grimaces qui » rapprochent l'homme du finge, foutient feul une intrigue dépourvue » d'art, de fens, d'efprit & de goût. Tel eft le Comique Italien ; » auffi chargé d'incidens, mais moins bien intrigué que le comique » Efpagnol, qui fe diftingue de fon côté par une enflure romanefque. » Ce qui caractérife encore plus le Comique Italien, c'eft ce mélange » de mœurs nationales, que les communications|& la jaloufie mutuelle » des petits Etats d'Italie, a fait imaginer à leurs Poëtes. On voit » dans une même intrigue un Bolonnois, un Vénitien, un Napolitain, » un Bergamafque, chacun avec le vice dominant de fa patrie. Ce mélange bifarre ne pouvoit manquer de réuffir dans fa nouveauté. » Les Italiens en firent une règle effentielle de leur Théâtre ; & la

sone, qui assure que le Théâtre tenoit lieu, chez les anciens, de Cour suprême pour la correction des citoyens. Cette opinion se trouve mille fois répétée en termes différens par Suétone (*in Tiber.* 34. par Ulpien, *liv.* 24. par tous les Critiques modernes, & par Cicéron lui-même *Ap. August. de Civit. Dei.*) S'il s'est glissé des abus sur ces Théâtres, si l'on y a transgressé la grande maxime du bien public; il n'a jamais manqué de personnes sages & de bon sens, qui n'ont cessé de déplorer ces abus, & d'en exposer les dangers. Martial, *liv.* 5. 63, & Juvenal, *Sat.* 8. 187; mais par-dessus tous, Tertullien, *De Spect.* 23. & Lactance, se sont élevés contre ces abus du Théâtre avec autant d'élégance que de vérité. J'ai cru devoir rapporter les paroles du dernier, pour que notre Italie

---

» Comédie s'y vit par-là condamnée à la grossiere uniformité qu'elle
» avoit eu dans son origine. Aussi, dans le *Recueil immense de leurs*
» *Piéces*, n'en trouve-t-on pas une seule dont un homme de goût soutienne
» *la lecture.* Les Italiens, eux-mêmes, ont reconnu la supériorité du
» Comique François; & tandis que leurs Histrions se soutiennent à
» Paris dans le centre des beaux Arts, Florence les a proscrits de son
» Théâtre, & a substitué à leurs farces les meilleures Comédies de Mo-
» lière traduites en Italien. A l'exemple de Florence, Rome &
» Naples admirent sur leurs Théâtres les chefs-d'œuvres du nôtre.
» Venise se défend encore de la Révolution, mais bien-tôt elle cédera
» au torrent de l'exemple & à l'attrait du plaisir. Paris seul ne verra-
» t-il plus jouer Moliere »?

Certainement, M. Marmontel ne connoissoit ni le Théâtre Italien ancien, ni le moderne, lorsqu'il assure qu'il ne s'y trouve pas une seule Piéce dont un homme de goût soutint la lecture. Celles dont nous donnerons les traductions, feront voir que la Scène Italienne est aujourd'hui au moins aussi riche que la nôtre. Car s'il est vrai que Molière, en chaussant le Comique François de Brodequins jusqu'a-lors inconnus, l'éleva au plus haut point de gloire, il est également vrai qu'à sa mort, la nature l'ensevelit avec lui.

fe puifle glorifier de détefter aujourd'hui ces bouffonne-
ries empoifonnées, qui ont fi long-temps déshonoré fes
Théâtres. *Quid de mimis loquar, corruptelarum præferen-
tibus difciplinam ? qui docent adulteria dum fingunt & fimu-
latis erudiunt ad vera.*

Depuis que les Poëtes ont introduit fur la Scène la
véritable Comédie, il étoit néceffaire d'amener infenfi-
blement le Peuple à defirer lui-même ce changement ;
parce qu'il faut, avant tout, confulter le goût du Peuple, & lui plaire, quand on veut l'endoctriner. Si le
Peuple n'eft pas fatisfait, tous les préceptes laiffés par
Ariftote & les grands Maîtres de l'Art Comique, font
vains & inutiles pour obtenir la gloire d'avoir fait une
bonne Comédie. Le premier Maître du Théâtre eft le
Peuple pour lequel il eft fait ; à lui feul appartient le droit
d'interpréter toutes les règles qu'on a tracées fur cette
matière : mais par le nom de *Peuple*, je n'entends pas les
dernieres claffes Plébéiennes, pour lefquelles on a dit que
n'étoit pas faite la vraie Comédie ; & il feroit ridicule,
dit Heinfius (1), de foutenir le contraire. On a toujours

____

(1) *Ridiculi enim & inepti funt, qui Plebeiis tantùm fcribi Comediam
exiftimant* (*Heinfius, Differt. ad Plaut.*) La vraie Comédie, le bon
Comique noble ou bourgeois, exigent pour être fentis, une fineffe
de tact, un jugement fûr, un goût exercé, qui ne font guères le
partage de la vile populace, à qui il ne faut que des plaifanteries plates
& groffieres, propres à exciter ce rire immodéré, qui n'eft point le
but de la vraie Comédie. Et fi Molière n'eût fait que de ces fortes de
farces, qu'il compofoit pour le Peuple, il n'eût point acquis une
réputation immortelle ; ce qui fait dire au févère Defpréaux,

« . . . . Et dans ce fac où Scapin s'enveloppe
» Je ne reconnois point l'Auteur du Mifanttrope ».

Ecoutez ce que dit à ce fujet Madame Dacier, dans fa comparaifon

entendu, sous la dénommination de *Peuple*, cet assemblage d'honnêtes gens, dont le cœur droit & l'esprit cul-

de Plaute & de Térence. « Les plaisanteries & les railleries doivent
» être inséparables de la Comédie. J'ai assez parlé de celles de Plaute ;
» il est certain qu'il en a de fines & de délicates ; mais il en a aussi de
» fades & de grossières. On peut dire en général que les plaisanteries
» sont pour l'esprit ce que le mouvement est pour le corps. Comme
» le mouvement marque la légèreté ou la pesanteur des corps, les plai-
» santeries marquent la vivacité ou la pesanteur de l'esprit. Toutes les
» plaisanteries de Térence sont d'une légèreté, s'il m'est permis de
» me servir de ce terme, & d'une politesse infinies : véritablement
» elles ne font pas rire de ce rire qu'Homère appelle *Asbeston*, inex-
» tinguible, c'est-à-dire, qui ne finit point : mais ce rire n'est pas le
» but de la Comédie, & je sçais bon gré à Aristote de l'avoir qualifié
» de *difformité*.... Térence suit par-tout les maximes des Platoniciens,
» qui veulent que toutes les railleries & toutes les plaisanteries soient
» autant de graces ; & il en vient à bout si heureusement, que dans
» ses mots mêmes les plus libres (si on en excepte deux ou trois qu'il
» fait dire à un Capitaine fort grossier) il n'y a rien que les person-
» nes les plus scrupuleuses, les plus retenues, & les plus polies, ne
» puissent dire. Les Graces ne font jamais rire ; mais le plaisir qu'elles
» font n'est pas moins sensible que celui que cause ce rire extravagant.
» Le premier peut être comparé au plaisir intérieur dont on est rempli
» quand on regarde un tableau, où la nature est parfaitement bien
» imitée : & l'autre est entierement semblable au plaisir que l'on a
» quand on voit des grotesques ; ce n'est que leur irrégularité vicieuse,
» & leur monstrueuse difformité, qui causent à l'esprit ces mouve-
» mens convulsifs, que le vulgaire prend mal-à-propos, pour les
» effets du plaisir. En un mot, il n'y a que le ridicule qui fasse rire ;
» l'agréable est toujours sérieux ; & entre l'agréable & le ridicule, il y
» a une distance que l'on ne sçauroit mesurer. Térence est en cela un
» modèle achevé ; je ne connois que Platon qui lui soit comparable. »
Plaute prête plus au comique de situation qui nous excite à rire,
sans qu'on sçache trop pourquoi, comme on rit de la chûte imprévue
d'un passant : c'est de ce genre de plaisanterie que Heinsius a eu raison
de dire : *Plebis aucupium est & abusus.*

tivé, les met à même de porter un jugement sain sur les bonnes choses & la morale; qui fréquentent le Théâtre pour s'amuser, & qui rougiroient de partager les divertissements de la populace la plus dissolue. Ce Peuple, tel qu'on vient de le définir, doit être le véritable Juge des vraies Comédies, & le premier Maître de la Scène; parce qu'il n'y a point de moyens plus sûrs pour lui plaire & le contenter, que de l'étudier lui-même.

Nous avons plus de cent Auteurs, anciens & modernes, qui ont traité de la Poësie Comique. Nous avons plus de cent mille préceptes différents, pour faire une bonne Comédie. Mais tous ces préceptes, à l'exception de quatre principaux, seront toujours inutiles & superflus s'ils ne sont adaptés au caractère, aux mœurs, aux inclinations des spectateurs qu'on veut amuser. Pourquoi les Comédies de Plaute & de Térence, ni même celles de Moliere quoique beaucoup plus récentes, ne plaisent-elles plus sur nos Théâtres ? Ce n'est pas qu'elles ne soient travaillées avec soin, & exactement conformes aux préceptes de l'Art; mais c'est parce qu'elles ne trouvent plus, dans les esprits de ceux qui vont les écouter, les mêmes dispositions que dans les spectateurs d'alors; parce que les inclinations & les mœurs ont changé avec les temps. Pourquoi arrive-t-il quelquefois qu'une Comédie moderne peut plaire dans certaines Villes d'Italie, & déplaire dans d'autres au point qu'on ne pourra l'écouter jusqu'à la fin ? Ce n'est pas que cette Comédie n'ait son mérite, mais les goûts d'un pays ne sont pas ceux d'un autre; & celui qui n'en a pas fait une étude profonde, ne pourra jamais se flatter de leur faire illusion à tous, & de produire l'effet desiré.

Voici le premier précepte de l'Art Comique, sans

lequel tous les autres ne valent rien ; savoir, *que le caractère d'une Comédie soit universel*, de manière qu'il puisse s'appliquer aux inclinations diverses d'une Nation entière ; de toute l'Italie, par exemple (1). C'est faute par les Anciens eux-mêmes, de s'être conformés dans la plupart de leurs Pieces, à cette règle essentielle, que Quinti-

---

(1) A plus forte raison, si ce caractère est assez général & assez bien choisi, pour plaire à la fois à plusieurs Nations qui en trouvent des exemples & des copies parmi elles. C'est ce choix de pareils sujets qui fera toujours la gloire de Molière, & le désespoir de ceux qui se destinent à ramper sur ses traces ;

Homo sum, nil à me humani alienum puto.

Cette maxime de Térence, si universellement applaudie dans le sens moral, est encore une vérité de précepte pour tous ceux qui veulent écrire des Comédies. Ils doivent toujours se souvenir qu'ils écrivent non pour une société circonscrite ; non pour les hommes d'un certain rang, d'une classe particulière, ou d'un certain pays ; mais pour tous les hommes, de tous les temps, de tous les lieux, de tous les âges ; que c'est dans le cœur humain en général, & dans ses inclinations diverses, qu'il faut puiser le sujet, le dessein & les couleurs du tableau, si l'on veut qu'il passe à la postérité.

La difficulté de saisir les ridicules & les vices comme les Grands Maîtres dans l'Art Comique, a fait dire qu'il n'étoit plus possible de faire des *Comédies de Caractères* ; que les grands traits ont été rendus, & qu'il ne restoit plus que des nuances imperceptibles. M. Marmontel observe à ce sujet, que c'est avoir bien peu étudié les mœurs du siècle que de n'y voir aucun nouveau caractère à peindre. L'hypocrisie de la vertu est-elle moins facile à démasquer, que l'hypocrisie de la dévotion ? Le Misantrope par air, est-il moins ridicule que le Misantrope par principe ? Le Fat modeste, le petit Seigneur, le faux Magnifique, le Défiant, l'Ami de Cour, & tant d'autres, viennent s'offrir en foule à qui aura le talent & le courage de les traiter. La politesse gaze les vices ; mais c'est une espèce de draperie légère, à travers laquelle les Grands Maîtres sçavent bien dessiner le nud.

tilien (*Orat.* 10. 11.) a reproché aux Latins d'avoir
cloché fur la Scène Comique, (fi l'on peut employer cette
expreffion), *in Comœdiâ maximè claudicamus.* Dans la
vue d'éviter cet écueil, Plaute, & Térence lui-même,
travaillerent prefque toujours fur le modèle des Grecs,
en empruntant d'eux les fujets de leurs Comédies ; en
y ajoutant feulement leur propre difpofition & leur ftyle.
C'eft ainfi que Plaute a fait dans fon *Amphitrion*, &
prefque toutes les autres. Térence, dans le *Phormion* &
l'*Hécyre*, pris d'Apollodore ; ainfi que dans l'*Andrienne*
& l'*Eunuque*, dont Ménandre lui a fourni les fujets.

Le grand & important objet de rendre *univerfel, le carac-*
tère d'une bonne Comédie, & la néceffité de fe conformer à ce précepte, ont déterminé Ariftote à établir
dans fa Poëtique, la fameufe Règle des *quatre unités*
comme la bafe de l'Art Dramatique ; fçavoir, l'unité de
temps, l'unité de *lieu* ; l'unité d'*action*, & l'unité de *ca-*
ractères. Il n'y a en effet aucune tête bien faite, qui
puiffe prendre plaifir à la repréfentation d'un Drame où
la *Règle des quatre unités* ne feroit pas obfervée ; parce
que dès-lors il fortiroit du vraifemblable & du naturel (1). Cent Auteurs Italiens ont illuftré, par des Com-

______

(1) La Régle des *quatre unités de temps, de lieu, d'action* & *de ca-*
ractères, eft fondée fur la néceffité de ne pas choquer la vraifemblance
dans un Spectacle, dont la repréfentation & le récit, ne peuvent *durer*
plus de trois heures fans nous laffer, ni *beaucoup moins* fans paroître
trop courts ; comme l'a fort bien remarqué Scaliger, en parlant de la
Comédie, liv. 1, cap. 6. *Paucis verfibus nequit fatisfieri populi expecta-*
tioni qui eò convenit, ut multorum dierum faftidia cum aliquot horarum
hilaritate commutet. Quemadmodum ineptè quoque eft prolixitas, &c.
L'Abbé d'Aubignac, qui a fait la même obfervation, dit que le
Poëme Dramatique a deux fortes de durées ; dont chacune a fon

mentaires ,

mentaires, ces maximes fondamentales de l'Art théâtral
laissées par Aristote. Et cependant à la honte de tant de
préceptes, on voit tous les jours des Comédies anciennes
& modernes, où ces règles sont transgressées comme si
elles n'existoient pas ; tant il est vrai, que leur exécution
n'est pas aussi facile qu'on le croit au premier aspect.

temps propre & convenable. L'une, dont il n'est pas ici question,
est la durée vraisemblable de l'action considérée comme véritable,
& qui doit avoir ses bornes. L'autre est la durée ou le temps réel
de la représentation, qui tient l'esprit des auditeurs attentif, depuis
que le théâtre s'ouvre jusqu'à ce qu'il se ferme. La mesure de cette
dernière durée ne peut être, que ce qu'il faut de temps pour con-
sumer la patience raisonnable des spectateurs ; car ce poëme étant
fait pour le plaisir, il ne faut pas qu'il dure tant qu'enfin il ennuie
& fatigue l'esprit ; ni qu'il soit si court, que les spectateurs en sor-
tent avec le regret de n'avoir pas été suffisamment divertis. C'est ce
qui fait dire à Horace qu'un Poëme Dramatique qui veut être souvent demandé, ne doit avoir ni plus ni moins de cinq actes : mais
cette régle ne doit pas plus être prise à la rigueur, que celle qui fixe
les bornes d'une Comédie à 1500 vers, parce que c'est tout ce qu'on
peut réciter en trois heures. Il est cependant certain qu'on ne voit
guères de pieces aller jusqu'à 1800 vers, sans laisser un chagrin &
un ennui, capables de faire oublier les choses les plus agréables. Un
homme de goût qui avoit assisté à la représentation du *Pastor fido*
en Italie, a remarqué qu'il n'y eut jamais rien de plus ennuyeux,
à cause qu'elle avoit duré trop long-temps ; & que ce Poëme, dont la
lecture ravit, parce qu'on la peut quitter quand on veut, n'avoit
donné que des dégoûts insupportables.

Il est donc évident que toutes les règles du Poëme Dramatique,
dont la durée réelle est d'environ trois heures, doivent concourir à
rapprocher par *la vraisemblance* la fiction de la réalité. De-là cette unité
de temps, de lieu & d'action, cette continuité de caractere, cette
aisance, cette simplicité dans le tissu de l'intrigue, ce naturel dans le
Dialogue, cette vérité dans les sentiments, cet art de cacher l'art même
dans l'enchaînement des situations ; d'où résulte l'illusion théâtrale, &c.

d

Quant à l'*Unité de temps*, Heinſius dans ſes *Diſſerta-tions ſur les Comédies de Térence*, ne peut pardonner à l'*Amphitrion* de Plaute, d'occuper neuf mois entiers ; en ce qu'Alcmène conçoit & enfante dans l'eſpace d'une même Comédie. Les Auteurs Eſpagnols ſe croient juſti-fiés par cet exemple, pour donner pluſieurs jours de ſuite à la repréſentation de leurs Comédies ; mais on ne voit pas que cette licence ſoit excuſable. Si Plaute l'a priſe en pluſieurs endroits, comme l'obſerve Scaliger (*Poetic. 3. 2.*) entr'autres dans ſa Comédie *des Cap-tifs*, il faut d'abord l'égaler dans tout ce qu'il a d'excel-lent, pour pouvoir être excuſé d'imiter ſes défauts. Il n'y a point eu d'Auteurs plus exacts à ſe conformer à cette règle que Sophocle & Térence, dont les Fables n'excè-dent jamais les *bornes d'un jour*, & qui ſemblent marcher du même pas que tient la nature dans le cours des viciſ-ſitudes humaines (1) ; ce que n'obſerve pas Eſchile,

---

(1) *L'unité de temps*, ou la durée vraiſemblable de l'action, qu'il faut bien diſtinguer de la durée réelle de la repréſentation, comme on l'a vu dans la note précédente, contient tout le temps qui ſeroit néceſſaire, pour faire en effet les choſes expoſées à la connoiſſance des ſpectateurs, depuis que le premier Acteur commence de paroî-tre, juſqu'à ce que le dernier ceſſe d'agir. Or cette durée vraiſembla-ble eſt la principale, non-ſeulement parce qu'elle eſt attachée au fond & à l'eſſence du poëme ; mais auſſi parce qu'elle dépend toute de l'eſprit du Poëte, qu'elle eſt de ſon invention, & s'explique par la bouche des Acteurs, ſelon que ſon induſtrie en fait trouver les occaſions. C'eſt cette durée d'action qui ne doit jamais excéder les *bornes d'un jour*, que quelques Ecrivains appellent la *Règle des vingt-quatre heures*, parce qu'Ariſtote a dit qu'elle devoit être renfermée dans le *tour d'un ſoleil* :

ὑπὸ μίαν περίοδον ἡλίου. Poét. 5.

quand, pour s'aftreindre à la *Règle des vingt-quatre heu-*
res, il fait tuer & enfévelir Agamemnon fi précipitam-

Il y a eu de grandes difputes pour favoir fi Ariftote entend parler
du *jour naturel* de vingt-quatre heures ; ou feulement de l'efpace de
temps entre le lever & le coucher du foleil, ce qu'on nomme *jour*
artificiel. Sur quoi il faut voir le fameux *Difcours* de Ménage fur *Té-*
rence, & les Differtations de l'Abbé d'Aubignac, intitulées *Térence*
juftifié. Ce dernier fait voir avec affez de juftefle, qu'une action qui
commenceroit aujourd'hui pour ne finir que le lendemain, compren-
droit deux jours & une nuit ce qui feroit contre toute vraifemblance, & qu'ainfi Ariftote n'a pu parler que du *jour artificiel de douze*
heures ; que Térence & tous les Poëtes Grecs fe font exactement
conformés à cette loi effentielle du Poëme Dramatique ; que s'ils ont
mis fur le théâtre une action faite de jour, ils font connoître par
divers artifices qu'elle n'a commencé qu'après le lever du foleil, &
qu'elle a fini devant qu'il fe foit couché ; que s'ils ont voulu repréfenter une action paffée de nuit, ils ont fait entendre habilement
qu'elle a commencé après le coucher du foleil, & qu'elle a fini devant qu'il foit remonté fur l'horifon ; qu'on ne doit pas craindre
de gâter fon poëme pour en refferrer l'intrigue dans un trop court efpace, parce que plus cet efpace fera court, & plus la pièce produira
d'effet, &c. Jufques au grand Corneille qui fe foumit le premier
avec tant de gloire & de fuccès à la fcrupuleufe obfervation des regles anciennes, le Théâtre François étoit tombé à cet égard dans
un défordre qui femble fixer fa naiffance à l'époque de ce grand
homme. On voyoit avant lui, & fur-tout dans les Ouvrages du Poëte
Hardi, fi fameux par fon ignorance & fa fécondité, des poëmes fi
déréglés, qu'au premier Acte une Princeffe étoit mariée ; au fecond,
naiffoit le Héros fon fils ; au troifieme, ce jeune Prince paroiffoit
dans un âge fort avancé ; au quatrieme, il faifoit l'amour & des
conquêtes ; au cinquieme, il époufoit une Princeffe qui vraifembla-
blement n'étoit née que depuis l'ouverture du Théâtre, & fans même qu'on en eût oui parler. Ces Ouvrages monftrueux recevoient
cependant les applaudiffemens de la Cour & de la ville, du temps
même du Cardinal de Richelieu ; & quand l'Abbé d'Aubignac vou-
lut relever ces fautes groffieres, il fut contredit & raillé.

ment., qu'il ne laiſſe pas même aux ſpectateurs le temps
de pleurer ſa mort. Entre ces deux extrêmes, de trop
étendre ou de précipiter l'action, la route la plus ſure &
la plus vraiſemblable, eſt de ſuivre la règle enſeignée
par Ariſtote, & ordinairement pratiquée par les Grecs.
Elle conſiſte à renfermer l'action dans l'eſpace d'un jour,
un peu plus ou un peu moins : quand elle excéderoit ces
confins de quelques heures, le précepte eſt ſi difficile à
mettre en pratique, qu'il a été tranſgreſſé par la plûpart
des Poëtes anciens, & que les modernes ſeroient fort
excuſables de s'en écarter un peu.

On eſt beaucoup plus blâmable de ne pas s'aſtreindre à
l'*unité de lieu,* parce que cette règle eſt bien plus facile à ob-
ſerver que la précédente. Rien n'eſt plus invraiſemblable,
ni plus faſtidieux pour les ſpectateurs, que de tranſporter
l'action d'un lieu à un autre, par le ſeul changement de
ſcène. Plaute lui-même, ne fut pas trop délicat ſur
l'obſervation de cette règle. Dans ſon *Curculion,* la ſcène
ſe paſſe à Epidaure, & l'on eſt enſuite tout ſurpris de ſe
retrouver dans un des quartiers de Rome. Dans ſes *Mé-*
nechmes, il fait arriver en même-temps deux perſonnages, l'une d'Illyrie, l'autre de Sicile, ſi reſſemblans entr'eux, qu'on ne peut les reconnoître qu'à la différence
des habits ; & ils agiſſent dans Rome comme s'ils étoient
tous deux dans leur Patrie, &c. On ne dira rien de pareils
défauts qui ſe voient dans la plûpart des Comédies Modernes. Il ſuffit de renvoyer aux Critiques, tels que le
P. Rapin dans ſes réflexions ſur la Poëſie, le Panigarole,
Mazzoni, Salviati, &c. On ne doit pas non-plus interpréter, avec trop de rigueur, le précepte d'Ariſtote ſur
l'*unité de lieu* dans les Comédies (1), de manière que

______

(1) *L'unité de lieu eſt la ſeconde règle du Théâtre, ſi l'on veut*

les Auteurs soient obligés de renfermer l'action , pendant
sa durée , entre quatre murailles. Aucun Critique sensé
ne l'a exigé ; les plus éclairés consentent que l'unité de
lieu s'étende à une Ville entiere ; à plus forte raison aux

conserver la vraisemblance dans les représentations dramatiques.
Cette régle fut scrupuleusement observée par les tragiques Grecs ;
& si Aristote, dit l'Abbé d'Aubignac, a négligé d'en parler dans sa
Poétique, c'est qu'elle étoit trop connue de son temps pour la rappeller, & que les chœurs qui demeuroient ordinairement sur le
Théâtre durant tout le cours d'une piece, marquoient trop visiblement
l'unité du lieu. La corruption & l'ignorance du dernier siecle, dit-il
encore, ont porté le désordre sur le théâtre, jusqu'au point d'y faire
paroître des personnages en diverses parties du monde ; & que pour
passer de France en Dannemarck, il ne faut que trois coups d'ar-
chet, ou tirer un rideau. Au surplus, cet Ecrivain est trop rigou-
reux, lorsqu'il donne pour constant que le lieu où l'Acteur fait
l'ouverture de la piece doit être le même jusqu'à la fin ; que ce
lieu ne pouvant souffrir aucun changement en sa nature, il n'en
peut admettre aucun dans la représentation, & que par conséquent
tous les autres Acteurs ne peuvent raisonnablement paroître ailleurs ;
que ce lieu doit être toujours un & immobile, parce que le terrein
où a commencé l'action ne se remue point comme un tourniquet ;
que cet espace doit être ouvert, sans que rien puisse en borner
la vue, ni empêcher le mouvement ; comme l'avoit imaginé sotte-
ment Théophile dans sa *Thisbé*, où il faisoit avancer un mur sur
l'avant-scène, pour séparer la chambre de Thisbé de celle de Pi-
rame, & qui faisoit disparoître le mur à volonté pour la commodité des autres Acteurs ; que c'est au Poëte, lorsqu'il ne prend pas
un lieu fermé comme une salle, &c. mais un lieu ouvert comme
une place publique, le devant d'un palais, un carrefour, le coin
d'un bois ou un port de mer, à choisir un espace assez étendu pour
y voir de loin un homme marcher, & pour y rassembler ingé-
nieusement toutes les circonstances qui peuvent concourir à déve-
lopper ou embellir son poëme, &c. Il va jusqu'à dire, qu'il doute
que depuis la renaissance des Lettres, il y ait un seul poëme où

divers appartemens d'une maifon, fans exiger barbare-
ment que tout fe paffe dans la même chambre. Mais fi la
nature du Drame demande que l'on paffe d'un lieu à un
autre, en changeant de fcène ; pourquoi ne pas fauver au
moins dans ce changement, le vraifemblable & le
naturel, lorfqu'on le peut fans peine? Il paroîtroit en
effet ridicule & infoutenable de voir dans un même
acte, l'action tranfportée trois ou quatre fois, d'une
maifon dans une autre, d'un jardin dans une place, &
d'une place dans un Caffé. La Poëfie fans doute, eft
une enchantereffe qui peut tout ce qu'elle veut, pourvû
toutefois qu'elle fçache le faire à propos ; & qu'elle ait
l'adreffe de furprendre les Spectateurs dans le temps où
ils font le moins appliqués à ce qui fe paffe. La divifion
des actes a été introduite à point, dans les Comédies pour
diftraire les Spectateurs ; & pour profiter de leur diftrac-
tion, afin de les furprendre plus facilement, & de les
amener fans qu'ils s'en apperçoivent, aux changements
forcés qu'exigent l'intrigue ou le dénouement de l'action.

---

l'unité du lieu foit rigoureufement gardée. Ménage penfe à-peu-près
de même fur *l'unité du lieu*, & il ajoute que M. de la Mefnardiere,
de l'Académie Françoife, a été trop libéral, en prêtant à la fcene
l'étendue d'une ville entiere ; à plus forte raifon, ceux qui repré-
fentent des lieux fort éloignés. Il cite à ce fujet les vers de Def-
marets :

       « Si l'on change de lieu.
» On fe plaint de l'Auteur ; il m'a fait un outrage,
» Je penf is être à Rome, il m'enleve à Carthage.
» Vous avez beau chanter & tirer le rideau,
» Vous ne m'y trompez pas, je n'ai point paffé l'eau.

  On peut cependant admettre les adouciffements que l'Abbé
Chiari a apporté à la regle de l'unité de lieu.

C'eſt là le temps opportun pour changer de ſcène ſi la fable en a beſoin , & pour tranſporter l'auditoire d'un lieu à un autre peu diſtant; alors on ne trouvera point invraiſemblable un pareil tranſport , lorſqu'on s'en eſt à peine apperçu.

Si les Auteurs avoient conſervé avec autant d'adreſſe l'*unité d'action* , nous n'aurions pas tant de Comédies anciennes & modernes , ſi juſtement blâmées par les Critiques les plus accrédités. Il n'y a aucune eſpèce de compoſition poëtique qui ſoit exempte de ce précepte (1) :

(1) L'*unité d'action* eſt , ſuivant l'Auteur, la balance qui ſert à peſer le mérite d'un Ouvrage. Ce précepte d'Ariſtote s'étend à toutes les compoſitions , à peine d'être obſcur , embarraſſé , ennuyeux ; mais il n'exclut pas l'aſſemblage de pluſieurs incidents dans une ſeule action , & d'en faire un poëme qui de ſa nature contienne pluſieurs actes & pluſieurs ſcenes , c'eſt-à-dire pluſieurs actions ſubordonnées à la principale ; comme un Peintre habile qui orne ſon tableau, de toutes les circonſtances propres à embellir ou expliquer la ſcene qu'il veut repréſenter. Le même Ariſtote veut que l'action théâtrale ſoit non-ſeulement *une* , mais encore *continue* ; c'eſt-à-dire que depuis l'ouverture du Théâtre juſqu'à la clôture de la cataſtrophe , les principaux perſonnages ſoient toujours agiſſans , & que le Théâtre porte continuellement & ſans interruption l'image de quelques deſſeins , attentes , paſſions , troubles , inquiétudes , & autres pareilles agitations qui ne permettent pas aux ſpectateurs de croire que l'action principale ait ceſſé ; ſans quoi ils auroient raiſon de croire la piece finie & de s'en aller. On voit ſouvent demander au troiſieme ou quatrieme Actes , ſi la piece eſt achevée ; ce qui prouve combien la ceſſation d'action ſurprend les ſpectateurs , & qu'elle ne ſeroit pas *une* ſi elle n'étoit *continue*. C'eſt par cette raiſon que les grands Maîtres ont toujours ſoin de faire dire aux Acteurs , où ils vont & quel eſt leur deſſein quand ils ſortent du Théâtre ; afin qu'on ſache qu'ils ne ſeront pas oiſifs , & qu'ils ne laiſſeront pas de jouer leurs perſonnages , encore qu'on les perde de vue : comme aucun des perſonnages ne doit venir ſur la ſcene ſans raiſon , &c.

d iv

c'eſt pour ainſi dire , la balance qui ſert à peſer leur dégré de mérite. Ariſtote , avec cette balance à la main , réprouva & condamna les Auteurs de l'*Héraclide* & de la *Théſéïde*. Le Mazzoni, (*Défenſe du Dante* ,) s'en ſert pour trouver à reprendre dans l'*Illiade* d'Homère , l'*Enéïde* de Virgile , & la *Jéruſalem* du Taſſe. Par la même raiſon , l'*Achilléïde* de State ; l'*Hercule* du Giraldi , & la *Chriſtéïde* de Vida , perdent tout leur mérite , comme l'ont amplement montré Vettori ſur Ariſtote, *pag.* 89 ; le Niſieli , & le Taſſe lui - même dans ſon jugement ſur la Jéruſalem. Pour en venir aux compoſitions ſcéniques, qui exigent plus que toutes autres, l'unité d'action ; qui croiroit que l'*Aminte* du Taſſe fournit l'occaſion à Gravina , (*Poëtic.* 6. 2.) de faire tant de reproches à l'Auteur , & de ſoutenir que *l'action de Silvie & celle de Myrtil, ſont deux fables ſéparées , qui ſe repréſentent en même-temps ſur le même Théâtre , & qui pourroient très - bien ſe repréſenter diſtinctement l'une ſans l'autre.* Si le Taſſe lui-

---

Les Modernes donnent le nom d'*Epiſode* à une ſeconde hiſtoire jettée comme à la traverſe dans le principal ſujet du Poëme Dramatique ; c'eſt ce que les Critiques appellent *une Hiſtoire à deux fils.* Les anciens Tragiques n'ont point connu cette duplicité de ſujet , ou du moins ils ne l'ont point pratiquée ; & Ariſtote n'en fait pas mention. Mais comme la Comédie a admis dans le cours de ſes révolutions , beaucoup plus de changements que la Tragédie ; elle a ſouffert ce mélange d'hiſtoires dans une même piece. Plaute & Térence en fourniſſent pluſieurs exemples , dont l'artifice eſt rempli de graces & d'inſtructions pour en trouver de ſemblables. Il faut que les Epiſodes naiſſent naturellement d'eux-mêmes dans la ſuite & le concours des événements ; qu'ils ſoient incorporés au ſujet principal , & tellement ſubordonnés à celui-ci , qu'il faſſe naître les paſſions de l'Epiſode , & que la cataſtrophe du premier améne celle de l'Epiſode ; autrement il y auroit duplicité , & une action ſeroit étrangere à l'autre.

même, tombe dans cet inconvénient très - grave, quel est donc l'Auteur qui pourra se flatter de l'éviter ? nous voyons si peu d'application & d'industrie pour l'esquiver dans toutes les Comédies, qui circulent journellement dans les mains; nous voyons, dis-je, si peu d'adresse pour couvrir au moins ce défaut qu'on auroit pu éviter, qu'il semble que les Auteurs ignorent ce précepte indispensable, ou qu'ils ne veulent pas qu'il soit fait pour eux.

L'unité de caractères fournit à Horace le sujet ordinaire des reproches qu'il fait aux Ecrivains de son temps. La premiere question qu'élèvent les Critiques au sujet des Poésies Dramatiques, est de sçavoir s'il faut en exclure tous les caractères vicieux; parce qu'Aristote, (*Rhetor.* 3.) & après lui Denis d'Halicarnasse, veulent que le *caractère moral, quoique fabuleux, soit toujours bon en lui-même* (1). Les deux caractères d'Œdipe & de Laïus,

____

(1) *L'unité,* la bonté & la *cohérence des caractères* forment le dernier précepte de l'art théâtral, & sont une suite du but qu'on s'y propose. La principale regle du Poëme Dramatique est que les vertus y soient toujours récompensées, ou pour le moins toujours louées; & que les vices y soient toujours punis, ou pour le moins en horreur, quand même ils y triomphent. Par ce moyen, le Théâtre devient une instruction secrette des choses les plus utiles au peuple & les plus difficiles à lui persuader. Les louanges qu'on donne aux actions honnêtes, l'intérêt que l'on prend à la vertu malheureuse, l'horreur qu'on inspire pour les crimes, les punitions terribles & les châtimens qui attendent ordinairement le scélérat dans la catastrophe des Tragédies, le récit éclatant des vertus héroïques de ceux mêmes qui ne sont plus, & la gloire qu'ils en reçoivent, insinuent nécessairement dans l'ame des spectateurs la présomptueuse croyance qu'ils sont capables d'en faire autant. Cette présomption devenue habituelle peut produire le noble désir d'acquérir l'honneur

dans les Tragédies de Sophocle, & celui de Ménélas, dans l'*Oreste* d'Euripide, seroient condamnés comme mauvais. On devroit rejetter comme détestables & pervers tant & tant de caractères, introduits sur la scène

qu'on ne peut refuser aux autres, & élever le courage à tout entreprendre pour en venir à bout. Il faut donc que le caractere du Héros de la piece soit *un*, *bon*, *égal* & *soutenu*. Les caracteres les plus vicieux tournent même à l'instruction des plus grossiers, lorsque la Tragédie ne s'écarte pas de la fin qu'elle doit se proposer en rendant le crime odieux. C'est là, qu'ils ne doutent point que le Ciel ne punisse les coupables par l'horreur de leurs forfaits, quand Oreste bourrelé de sa propre conscience y fait ses plaintes, & semble poursuivi par les Furies. C'est là, qu'ils considerent l'ambition comme un grand mal, quand ils vóient un ambitieux plus travaillé par sa passion que par ses ennemis, violer les loix du ciel & de la terre, & tomber en des malheurs inconcevables pour avoir trop entrepris, &c.

La Comédie, en se proposant la même fin, y parvient par des moyens différents. On doit se rappeller ce qui a été dit au commencement de cette Dissertation, que la Comédie est l'imitation des mœurs mises en action. Ainsi, ce ne sont point des malheurs, des périls, des sentiments extraordinaires comme dans la Scene Tragique, qui doivent caractériser la Comédie, parce qu'elle doit peindre les hommes comme ils ont coutume d'être, & non comme ils ont été quelquefois; & le ridicule est l'arme dont elle se sert pour rendre le vice méprisable. Elle peut donc choisir un caractere vicieux, ou des mœurs corrompues, pour en faire l'objet de ses leçons vivantes. C'est là, que les spectateurs reconnoissent comme dans une glace l'avarice pour une maladie de l'ame, quand ils voient sur la scene l'avare persécuté d'inquiétudes continuelles, de soins extravagants, & d'une indigence volontaire au milieu de ses richesses. C'est là, qu'un homme supposé les rend capables de pénétrer dans les replis les plus secrets du cœur humain, en touchant pour ainsi dire, au doigt & à l'œil dans ces peintures vivantes, des vérités qu'on auroit peine à goûter autrement, &c.

par Ariſtophane, Plaute, Térence, Molière & l'A-
rioſte dans leurs Comédies. Il faut donc interpréter ſai-
nement la maxime d'Ariſtote, comme ont fait les plus
habiles Critiques, en excluant tout caractère vicieux du
Protagoniſte, ou principal acteur de la Pièce : mais on
peut le retenir dans les autres rôles, pourvu qu'il ſoit
modérément vicieux, & qu'il ſoit puni ou corrigé ; enfin, que ce caractère vicieux ne ſoit ni trivial ni trop bas.
La raiſon en eſt claire, parce que l'utilité de la Fable &
ſa moralité, doivent toujours l'emporter ſur le plaiſir.
Quel intérêt en effet peut-il réſulter, quelles inſtructions
pourront recevoir les honnêtes gens, le bourgeois, le
citoyen, le négociant, qui fréquentent les Spectacles,
en voyant ſur la ſcène une troupe de gens diſſolus, d'i-
vrognes, de vagabonds, d'eſcrocs, de Mercures, de
courtiſans & de gens de ſac & de corde ? Quel plaiſir
attendre de la repréſentation de ces actions baſſes, qu'on
ne daigneroit pas regarder au milieu des rues, ni entendre raconter de la plus vile populace ?

Outre *la bonté du caractère* dans les Comédies, *il doit*

M. Marmontel a parfaitement défini les différens genres de Comique, par la différence des objets que la Comédie ſe propoſe : ou
elle peint le vice qu'elle rend mépriſable ; de-là le *Comique de caractere* : ou elle fait les hommes le jouet des événemens, de-là le *Comique de ſituation* : ou elle préſente les vertus communes avec des
traits qui les font aimer, & dans des périls ou des malheurs qui
les rendent intéreſſantes ; de-là le *Comique attendriſſant* dont Térence
a fourni de ſi excellens modeles. De ces trois genres, le *Comique
de caractere* eſt le plus fort, le plus difficile, le plus rare, le plus
utile aux mœurs ; en ce qu'il remonte à la ſource des vices & les
attaque dans leur principe ; en ce qu'il préſente le miroir aux hommes, & les fait rougir de leur propre image, &c.

être co-hérent, c'est-à-dire égal, & toujours le même.
Horace nous a donné là-dessus d'excellents préceptes
dans sa Poëtique. Térence s'est grandement écarté de ce
précepte dans sa Comédie des *Adelphes*, quand Mizion,
homme sage & réfléchi, conduit lui-même ses deux
neveux dans un mauvais lieu. Euripide lui-même,
est accusé par Aristophane dans sa Comédie des *Gre-
nouilles*, d'avoir fait agir & parler les esclaves comme les
maîtres, & les jeunes gens comme les viellards. Mais ce
Critique inexorable n'a-t-il pas fait bien pis lui-même,
en mettant sur la scène un sage Philosophe tel que Socrate, endoctrinant ses Disciples assis dans un panier en
place de chaire, & mesurant géométriquement les pieds
d'une mouche. Je conviens que ce précepte exige de
l'exactitude, mais il demande aussi de la discrétion à un
certain point; & Gravina en mésuse lorsqu'il s'en sert
pour faire tant de reproches aux caractères de l'*Aminte*
du Tasse. D'ailleurs, *l'égalité de caractère* seroit elle-
même un défaut, quand on traite en caricature certains
personnages vicieux, dont le ridicule consiste principalement dans l'inégalité & le changement de caractère;
comme on peut se justifier par le rôle de *Thersite* dans
Homère, (*Iliad.* 2.) recopié ensuite par le Trissin,
(*Italia liberata*, 14.) Il y auroit trop à dire sur cette matière, pour s'y étendre davantage (1).

____

(1) On aura d'ailleurs occasion de revenir souvent sur les préceptes pratiques de la *Poëtique*, dans l'examen critique des Pieces
Italiennes dont nous publierons successivement les traductions. C'est
en rassemblant tous ces exemples pris sur la scène, à l'instant même où elle se passe & pour ainsi dire sous les yeux des Lecteurs; en
les comparant, en en tirant de justes conséquences, &c., que ce
Théâtre Italien-moderne (si l'accueil du Public engage à le continuer)

Dans le corps de la Comédie, *le style ne doit jamais déchoir*. Depuis Aristote & Horace, tous les Critiques s'accordent à exiger que le style soit *facile & coulant*, qu'il ne soit jamais lâche, vicieux, bas, ni plébéien. Si la Comédie est une image de la vie humaine, une représentation vraie & continuelle des mœurs, coutumes & usages, & des conversations courantes; il est *certain & très-certain* qu'on doit faire parler les hommes sur le Théâtre, comme ils parleroient ailleurs. Dans quel pays du monde les maîtres parlent-ils comme les valets? les nobles comme les artisans; les personnes bien nées comme des gens sans éducation? Il faut donc avouer que sur le Théâtre, on doit changer de style avec les personnages, & qu'un bouffon ne doit pas s'exprimer comme un homme sensé (1). Ceci soit dit à ceux qui se donnent pour les

____

pourra fournir à la longue une *bonne Poétique*, relativement à l'Art Dramatique, où chaque Auteur se fait pour ainsi dire la sienne, au mépris des regles générales du bon sens qui devroit servir à conduire les Gens de lettres dans cette carriere épineuse, & où les achopemens & les faux pas sont si fréquens.

(1) Ces maximes judicieuses doivent être opposées au Chiari lui-même, lorsqu'il prétend, quelque lignes plus bas, que toutes les Comédies doivent être écrites en vers, sans lesquels, dit-il, il n'y a point de poésie. Mais le langage de la Comédie devant être le même que les discours familiers, il paroît que c'est pécher contre cette regle de faire parler les Acteurs en vers. Il n'en est pas de même dans la Tragédie ni dans le *Comique noble*; l'un & l'autre exigent de grands sentimens, & des expressions élevées au dessus du langage ordinaire. Le *Comique noble* peint les mœurs des Grands, qui different de celles du peuple & de la bourgeoisie, moins par le fond que par la forme; les vices des Grands, leurs ridicules sont moins choquants; ils sont même pour la plûpart si bien colorés par la politesse, qu'ils entrent pour ainsi dire dans le caractere de l'homme

défenseurs jurés du *style facile, plat & commun* dans les Comédies, sans-réfléchir que le style comique peut le plus souvent, & doit en être effet *facile*, mais toujours *poëtique*; il peut & doit être *courant* comme le langage ordinaire, & jamais trivial & bas. On sentira toutes ces différences en lisant les Comiques Grecs & Latins, qui sont dans leurs langues les modèles de l'urbanité & de l'élégance des Anciens.

Toutes les Comédies qui nous restent des Anciens, *sont écrites en Vers*; ce qu'ils jugeoient indispensable pour toutes compositions poëtiques; le Vers ayant toujours été l'unique langage de la Poësie. Je n'ai jamais lu que dans un seul Livre, la maxime très-singulière qu'on pût *faire des Poésies en Prose*; ce qui avoit été jugé impossible par les plus habiles critiques de la docte antiquité. Qu'il me soit donc permis de dire & de répéter franchement, que le langage des Poëtes ne peut être qu'en Vers; que les *Comédies mêmes doivent s'écrire en Vers* (1); parce que le Vers est la partie principale de

____

aimable. La plûpart de leurs ridicules sont si bien composés, qu'ils sont à peine visibles. Leurs vices ont quelque chose d'imposant qui se refuse à la plaisanterie, & dont la peinture a besoin d'emprunter le ton & les images de la Poësie. Il en est de même du Comique attendrissant ou larmoyant, qui exige un style noble & des pensées élevées qui ne seroient pas si bien rendues dans le langage familier.

(1) Cette régle de l'Abbé Chiari, Auteur de cette sçavante Dissertation, est trop rigoureuse sans doute, & devroit être restrainte aux seules *Tragédies* & aux Piéces du *Haut Comique*, dont le style & le langage doivent toujours être nobles & élevés comme les pensées. Mais ce seroit beaucoup trop exiger, de vouloir que toutes les *Comédies* fussent écrites en *Vers*. De combien d'excellentes Piéces ne serions-nous pas privés, si cette maxime avoit lieu? L'Avare de Molière &

la Poësie, quand on ne veut pas renoncer aux loix &
aux exemples de toute la plus respectable Antiquité. La
Profe ne fut introduite fur les Théâtres en Italie, que
lors de l'entiere décadence des Lettres avec la chute de
l'Empire Romain; parce qu'alors la vraie Comédie fut
chaffée de la fcène, pour faire place à ces farces burlefques, propres à être jouées dans les places fur les
trétaux & dont on a parlé plus haut. Si quelques bons Auteurs des quinzieme & feizieme fiécles, ont écrit des
Comédiés en profe, c'étoit pour fe conformer à la grof-
fiéreté & à l'ignorance du peuple; & parce qu'il n'y

plufieurs autres Comédies en Profe, fuffiroient pour profcrire ce
précepte d'un Italien, dont la verfification n'eft guéres plus difficile
à conftruire que la profe, en ce qu'elle ne confifte que dans le nombre des fyllabes, & la rime fi aifée dans cette Langue. Que deviendroient
donc nos *Dramaturges* fi féconds en profe, s'ils étoient forcés d'écrire
en Vers? Ce feroit pour eux feuls que la maxime devroit avoir lieu,
afin d'en reftreindre le nombre. Le Goldoni, auffi bon Poëte &
meilleur Comique que le Chiari, penfe bien différemment. Il prétend
qu'en général, la Profe convient bien mieux aux Comédies; & il a
remis en Profe plufieurs Comédies, qu'il avoit écrites en Vers. On
peut voir fes motifs dans la Préface de fon *Molière*, & dans celle
du *Pere par amour*, où il prétend, avec raifon, qu'on ne doit écrire
en Vers que les pièces de *Haut Comique*; c'eft-à-dire d'un Comique
noble & élevé; mais que toutes les Comédies *Populaires* doivent être
écrites en profe, parce qu'elles réuffiffent mieux avec le ftyle familier
& commun. On voit par le *Bourru bienfaifant*, que ce Grand Homme
nous a donné dans notre propre langue, qu'il eft bien perfuadé que
la Profe peut fe foutenir même avec le *Haut Comique*. On verra auffi,
par nos Traductions du Théâtre Italien moderne, que la plûpart de
fes Pièces, quoique traduites en Profe, réuffiroient parfaitement fur
nos Théâtres, qui peuvent tous fe les approprier. *La Donna di Garbo*
dont nous donnons la Traduction dans ce Volume, eft en Profe,
quoique d'un Comique bourgeois qui pourroit paffer pour noble, &c.

avoit pas beaucoup de Poëtes Comiques de profeſſion ; mais ſeulement quelques Auteurs, qui n'écrivoient que pour leur propre amuſement. L'Arioſte, le plus accrédité de ces Poëtes, pénétré de la vérité des raiſons qu'on vient d'expoſer, fit ſes Comédies en Proſe & en Vers pour ſe conformer aux circonſtances du temps, ſans manquer au devoir du grand Poëte, dont il avoit la réputation bien méritée dans toute la République des Lettres.

Le Ciel réſervoit à notre âge de voir toutes les Cités d'Italie s'accorder, pour ainſi dire, à prendre peu à peu le bon goût de la Poëſie ſur les Théâtres, au point que des piéces aſſez bonnes d'ailleurs ſont rejettées, par cela ſeul qu'elles ſont écrites en Proſe. Le Vers que les Italiens appellent *Martelliano* (1), eſt plus propre que toutes les autres formes de Vers, à fournir les dialogues familiers de la Comédie, & le plus approchant du Vers Iambi-

---

(1) Les *Vers* que les Italiens nomment *Martelliani*, doivent leur dénomination au célèbre Pierre-Jacob Martelli, qui les a communément employés, & qui les a le premier introduits ſur la Scène. Si l'on en croit le Creſcenbini, dans ſa *Poëtique*, ce Vers fut inventé par un certain *Cicello d'Aleamo*. Mais ſuivant l'Abbé Chiari, il doit ſon invention au haſard, & provient de l'habitude où l'on étoit d'écrire deux Vers ſeptenaires ſur la même ligne ; comme le Creſcenbini l'a obſervé lui-même. S'il ne prit pas du temps de Martelli, c'eſt à cauſe du ſtyle diffus, embarraſſé & obſcur de cet Auteur, de ſes tranſpoſitions fréquentes, &c. n'y ayant point de qualités plus recommandables pour un Ecrivain que la briéveté. C'eſt le Vers dont l'Abbé Chiari s'eſt ſervi dans toutes ſes Comédies ; & c'eſt par cette raiſon qu'il cherche à faire prédominer cette ſorte de verſification. Tout le reſte de la Diſſertation eſt employé à la juſtifier. Je n'ai pas cru devoir, par cette raiſon, en traduire la fin, qui ſeroit fort ennuyeuſe dans notre Langue.

que,

que, que les Grecs & les Latins employoient communément dans ces sortes de compositions. Etant formé de
quatorze à seize syllabes, on auroit peine à trouver,
dans les Comédies de Plaute & de Térence, un Vers
plus long ou plus court. Comme le dernier pied du Vers
Iambique est le plus régulier ; de-même la rime régulière
du *Martelliano*, remplace cette régularité, & c'est comme l'Iambique le plus familier pour la conversation ; on
le trouve même souvent, presque tout formé dans la
prose. De même que le vrai caractère de la Poésie Grecque & Latine, est le métre & la mesure ; la rime en fait
l'office dans la Poésie Italienne. Et comme de tous les
autres Vers Grecs & Latins, l'Iambique est le plus
facile & le plus familier, le Martellien jouit de la même
prérogative : il est assez grand pour que la rime obligée
ne soit pas trop voisine ni répétée jusqu'à la satiété,
comme dans l'Endécassyllabique ; & pas assez distante
pour en faire perdre le plaisir. On peut donner au sentiment ou à la pensée, une étendue ou un développement
suffisants dans l'espace de deux Vers ; sans avoir besoin
de transporter les périodes dans les Vers suivans, comme
font les François. Si le sujet exige un style concis &
serré, le distique Martellien est capable, dans ses quatre
septenaires, de quatre sentimens divers ; ce qui s'accommode à merveille au dialogue Comique. La composition
des deux Vers dont est formé chaque distique, est
faite avec tant d'artifice, que le second dérive du premier sans violence ; de manière que l'auditeur qui le
sent, prévient aisément la rime. Tout le monde ne connoît pas l'ingénieuse suspension dont il est capable &
son utilité, quand on sçait renfermer dans ce métre quelque pensée, pour en resserrer toute la force dans le der-

nier septenaire ; c'est en un mot , le plus propre pour
tenir les spectateurs attentifs , & pour leur faire sentir
en même-temps tous les charmes de la Poësie (1).

(1) L'éloge de la Poësie Comique & la nécessité de l'employer dé-
montrée par le Chiari, ne pourroit concerner le Théatre Français, dont
la langue beaucoup moins poétique que l'Italienne, (*Voyez* le Discours
préliminaire) n'est d'ailleurs pas si susceptible de la hardiesse des
images & des inversions forcées qu'exige la Poësie. Il est presque
impossible d'allier dans le langage populaire, la hauteur du style figuré
& métaphorique qui constitue la Poësie appellée la *Langue des Dieux*,
avec le Comique de caractère qui n'est si tranchant que par l'exacte imitation des mœurs & des locutions vulgaires. Je sais bien qu'on
m'opposera le *Tartuffe* de Moliere , les *Plaideurs* de Racine , le *Joueur*
de Renard, le *Métromane* de Piron. Mais ces chefs - d'œuvre sont
peut-être les seules exceptions à la régle , par l'alliage du Comique
de caractere & de situation si artistement fondu dans le style poétique. Encore pourra-t on remarquer que dans ces Piéces mêmes
toute la force comique , le *Vis comicâ*, se trouve concentrée dans
les rôles inférieurs de Bourgeois , de Valets , de Suivantes , *&c.*
& que plus la Poësie veut s'élever , plus elle perd de cette même
force comique. Si on vouloit calculer , on trouveroit qu'on repré-
sente plus souvent sur nos Théatres , les Piéces en Prose de Moliere
que celles en Vers.

Quoiqu'il en soit , le nouveau Théatre Italien offre ce double
genre. Toutes les Comédies du Chiari , sont en Vers. Un grand
nombre de celles de Goldoni & d'autres Auteurs sont en Prose ;
on n'aura qu'à comparer, & l'on trouvera que la force comique est
le partage de la Prose. J'ouvre la carriere par la *Donna di Garbo* ,
parce que c'est la premiere Comédie de caractère qui ait paru depuis
la restauration du Théatre Italien moderne. On verra dans la Préface
qui suit la critique & la justification de cette Piéce.

PRÉFACE.

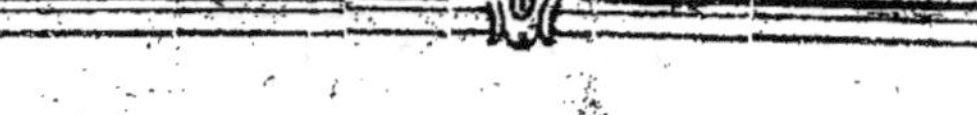

PRÉFACE.

Dans le defir que nous avons de faire connoître les meilleures Piéces du Théâtre Italien moderne, nous ne pouvions pas omettre la Donna di Garbo, Comédie en trois Actes & en profe du célébre GOLDONI, repréfentée pour la premiere fois au Carnaval de Venife, de l'an 1743. C'eft la premiere Comédie de CARACTERE, qui ait été entiérement écrite dans le deffein de ne pas laiffer aux Comédiens la liberté de remplir les rôles à leur gré, & de débiter tout ce qui leur venoit dans l'idée, fur le fujet donné, comme cela avoit été d'ufage jufqu'alors. Elle étoit à la tête de toutes les Productions du Goldoni dans les premieres Editions : mais depuis qu'il a changé l'ordre de fes Comédies fans égard aux dates, elle eft devenue la trente-troifiéme dans la belle Edition faite à Venife en 1761, chez Pafquali.

Les Critiques ont reproché deux défauts à cette Piéce : l'un, que le caractére principal de la Donna di Garbo eft hors de la nature, en ce qu'elle eft trop érudite pour une femme, trop inftruite fur les diverfes fciences, dont elle faifit toutes les occafions de faire étalage; l'autre, que le titre de Donna di Garbo, que j'ai crû pouvoir rendre par celui de Femme Accorte & de bon fens, eft peu convenable, parce que fon caractére eft plutôt de la flatterie, ce que nous appellons de la Ca-

A

jollerie, *que de la courtoisie, de la grace, de la gen-
tilleſſe, qui eſt le ſens le plus uſité du mot* Garbo *.

Quant au premier reproche, l'Auteur avoue qu'à
la vérité, il eſt peu de femmes parmi nous, qui aient
autant étudié, que paroît l'avoir fait ſa Donna di
Garbo. Mais finalement ce n'eſt pas une choſe impoſſible. Pour qu'un caractere ſoit naturel, il ſuffit qu'il
ſoit poſſible, & que tout ce qu'on lui attribue, ſoit vraiſemblable. Il n'eſt pas néceſſaire d'en trouver le modele
actuellement exiſtant. Sans cela combien de Héros de
théâtre & de roman, combien de caracteres conſtam-
ment vertueux, ne ſeroient pas dans la nature. Mais
qui aura la hardieſſe de ſoutenir, que le caractere
d'une femme auſſi docte que vertueuſe n'eſt pas naturel? Il ſeroit démenti par cette multitude de femmes
doctes & vertueuſes, qu'on admiroit alors en Italie &
par toute l'Europe, telle qu'une Laura Baſſi à Bologne,
une Marquiſe du Châtelet, une dame du Bocage en
France, & tant d'autres depuis le ſceptre juſqu'à la
houlette, qui fourniroient encore aujourd'hui le modele.*

---

* Le mot Garbo eſt parfaitement rendu par celui d'Accort, qui a
un peu vieilli ; & c'eſt grand dommage, en ce qu'il eſt très-ſignifi-
catif. *Accort, Accorte,* adj. celui qui eſt courtois, complaiſant,
adroit, qui ſe fait accommoder à l'humeur des perſonnes avec qui
il a affaire, pour réuſſir dans ſes deſſeins. Ce mot vient de l'italien
Accorto, ſignifiant la même choſe. On a dit autrefois *Accortiſe* &
Accortement : mais ces mots ont vieilli, quoique Paſquier témoi-
gne qu'ils étoient nouveaux de ſon tems (*Furet.*). Dans le petit Dictionnaire de l'*Ortographe Françoiſe* de Reſtaut, on écrit *Acort*
& *Acorte.*

Ce qui renforce l'objection faite au Goldoni, c'est que sa Donna di Garbo, qui est si docte, si érudite, n'est que la fille d'une pauvre Blanchisseuse : mais, dit-il, les qualités de l'esprit, l'entendement & les facultés de l'ame ne se mesurent pas sur la naissance, & ne sont pas l'effet d'un sang illustre. Il est possible qu'une femme d'un état abject, ayant eu la commodité d'étudier, & se sentant des dispositions pour apprendre, ait assez profité pour devenir docte & érudite, sans perdre la décence & la modestie qui sont le plus bel ornement de son sexe. Ces sortes de caracteres, où l'on trouveroit réunies les vertus, la science & la courtoisie, seroient plus communs qu'on ne le croit, & feroient l'ornement & les délices de la société, si l'éducation des femmes n'étoit pas aussi négligée qu'elle l'est ; réflexion qui nous écarteroit trop de notre sujet, si nous voulions nous y arrêter. C'est pour cela que le Goldoni a supposé que sa Rosaure étant fille d'une Blanchisseuse, qui avoit la pratique des Maîtres & des Etudians de l'Université de Pavie, avoit eu occasion de s'instruire dans les Sciences. « Il a pu arriver, dit il, que quelque Savant, surpris de la gentillesse & des dispositions de cet enfant, se soit appliqué à l'instruire & à la former dans l'étude des bons principes, & qu'en passant d'une science à l'autre, elles lui aient servi de degrés pour arriver à la perfection du jugement, de l'esprit & du génie.

A 2

» *On peut le supposer, sans qu'il soit besoin d'en ren-*
» *dre compte dans la Piéce, &c. &c.* » *On pourroit
seulement insister sur ce que l'Auteur a mis trop de
passages latins dans sa Piéce ; ce qui nous a obligés
d'en traduire plusieurs, principalement la Thèse Légale de la derniere Scène.*

*Il seroit plus embarrassant de répondre à la seconde
Objection, qui regarde le titre de* Donna di Garbo,
assez difficile d'ailleurs à traduire avec précision. Garbo
*est un de ces mots, qui ont tant d'acceptions diffé-
rentes, qu'il n'est pas aisé de rencontrer les termes
correspondans en Français au titre Italien.* Garbo,
*suivant les Dictionnaires, signifie bienséance, propor-
tion, gentillesse, bonne mine, &c.* Homo di Garbo,
*un honnête homme, qui a de l'entregent ; il signifie aussi
grandeur, ou forme, taille. &c.* Non ha garbo ni pro-
portione, *il n'a ni grace, ni proportion.* Legno di Garbo, *Bois de moule ou de mesure. On a rendu le titre
de* Donna di Garbo *par celui de* Femme accorte &
de bon sens, *parce que* Garbo *a autant rapport à l'ex-
cellence du jugement & à la bonté du caractere, qu'à
la gentillesse & aux graces extérieures. En partant
de-là, on objecte à l'Auteur, que sa* Donna di Garbo
*devroit dire la vérité, au lieu de caresser les passions
& de flatter la folie d'autrui, pour s'acquérir du crédit sur leur esprit par la flatterie, & pour s'en servir
à obtenir un époux par des moyens dangereux &
trop délicats pour une femme sage.*

A cela l'Auteur répond que, si par Donna di Garbo, *on entend une femme sincére, sage, de conscience délicate, qui préfere l'héroïsme de la vertu à l'amour, ce n'est pas celle qu'il a voulu peindre ; qu'il a représenté le caractere d'une femme qui, quoique très-docte, n'en est pas moins sujette à toutes les passions humaines ; qui trompée dans ses espérances, délaissée par son Amant, victime de sa foiblesse, trahie dans son honneur, tend tous les ressorts de son esprit, employe toutes les ressou ces de son génie & des diverses connoissances dont elle est ornée, pour venir à ses fins, & pour obtenir l'époux qui pouvoit seul réparer son honneur & rétablir sa réputation. Dès que son but est rempli, elle se dédit publiquement de tous les mauvais conseils qu'elle a pu donner dans le cours de l'intrigue, ayant la réussite de ses desseins : elle reprend les défauts de ceux mêmes qu'elle avoit flattés ; & leur fait connoître qu'elle ne l'avoit fait que pour son avantage, sans cesser d'aimer la vérité. Cet aveu est vraiment digne de la* Femme sage, *ou* Donna di Garbo ; *puisqu'au préjudice de sa propre modestie, elle avoue ses défauts & ses erreurs. D'ailleurs, il suffit qu'elle soit qualifiée telle, par tous les personnages de la* Comédie, *pour que l'Auteur en ait pû donner le titre à sa* Piece. *C'est aussi par la raison contraire, qu'on a cru devoir mettre un double titre à la Traduction qu'on publie.*

A 3

ACTEURS.

ROSAURE, Fille de chambre chez le Docteur.

LE DOCTEUR, Avocat de Bologne.

FLORINDO, OCTAVE, & DIANE, enfans du Docteur.

BÉATRICE, Femme d'Octave.

BRIGUELLE & ARLEQUIN, valers du Docteur.

LELIO, Bourgeois, affecté dans ses manieres & très-entêté de sa Noblesse, caractere fort commun en Italie.

MOMOLO, jeune Vénitien, étudiant à Bologne.

ISABELLE, en habit d'homme, sous le nom de *FLAMINIO*.

La Scène se passe dans une chambre de la Maison du Docteur.

LA
DOCTE INTRIGANTE,
OU
LA FEMME ACCORTE
ET DE BON SENS.
COMÉDIE,

En Profe, & en trois Actes, imitée du Goldoni.

ACTE PREMIER.

SCENE PREMIERE.

ROSAURE, BRIGUELLE.

ROSAURE.

Oui, mon cher Briguelle, je veux vous contenter:
les bontés que vous avez eu pour moi, & ma recon-
noiffance m'obligent à vous donner cette marque de

A 4

confiance. Je vais vous apprendre qui je suis, & les motifs qui m'ont fait quitter ma patrie.

BRIGUELLE.

Véritablement, j'ai été trop facile à vous introduire dans cette maison, avant de sçavoir qui vous étiez. Votre idée m'a plu, d'autant que vous vous engagiez à me dire le reste : mais si vous voulez me tromper, continuez à garder le silence, j'en suis content.

ROSAURE.

Non, non. Je vous dirai la vérité : ne craignez rien. Je suis de Pavie, ville fameuse par son Université. Mon pere sert d'Ecuyer à une vieille Dame, & ma mere est Blanchisseuse d'un Collége. C'est la premiere cause de mes malheurs. Un jeune Etudiant s'introduisit dans nôtre maison : je fus enchantée de son air & de son esprit · & je ne tardai pas à en devenir éperdument amoureuse. Il se prévalut de ma foiblesse, suivant l'usage ; & se rendit bientôt maître de mon cœur & de ma personne. Après un an de tendresses réciproques, l'infidele commença à se réfroidir : il rallentit ses visites, changea son amour en politesses, & se retira tout à coup de notre maison. Jugez de ma douleur : je pleurai, je soupirai, je me livrai toute entiere au désespoir.

BRIGUELLE.

La pauvre petite, elle me fait compassion. Mais pourquoi vous échapper, pourquoi venir ici ?

ROSAURE.

Le jeune homme ayant achevé ses études, partit, sans même me dire un seul adieu. Il se rendit à Milan pour visiter cette Métropole, avant de revenir dans

ſa patrie, & moi réſolue de le pourſuivre juſqu'à la
mort, je ſuis venuë ici prévenir ſon arrivée.

B R I G U E L L E.

Votre amant eſt donc de Bologne ?

R O S A U R E.

Il eſt de cette maiſon même : c'eſt le fils du Docteur.

B R I G U E L L E.

Quoi ! le ſignor Florindo ?

R O S A U R E.

Préciſément, c'eſt lui qui m'a ſi indignement trahie.

B R I G U E L L E.

Mais on l'attend de moment à autre.

R O S A U R E.

Qu'il vienne ! il verra, le traître, ſi je ſcais me venger.

B R I G U E L L E.

Mais, n'auriez-vous pas dû choiſir une autre maiſon ?
Pourquoi vous mettre au ſervice de vos ennemis ?

R O S A U R E.

Préciſément pour me venger ; & ſi je ne puis obtenir
Florinde, je veux cauſer ſa ruine.

B R I G U E L L E.

Comment en viendrez-vous à bout ?

R O S A U R E.

En pratiquant Florinde & d'autres Etudians, j'ai eu
occaſion de cultiver le goût naturel que j'avois
pour les bonnes Lettres ; & je m'y ſuis perfectionnée

plus qu'on ne pouvoit l'attendre d'une femme ordinaire. J'ai appris diverses sciences, & surtout la plus utile de toutes, celle de sçavoir conformer mon humeur & plier mon esprit à tous les caractéres. Le Docteur me voit volontiers; & si je parviens à le rendre amoureux, j'aurai les moyens de me venger de son fils. Je ferai ensorte de gagner l'affection du Seigneur Octave son aîné, & celle de sa femme, pour qu'ils secondent mon dessein. Je ferai la même chose de tous ceux qui demeurent dans cette maison, & qui la fréquentent, en louant leur goût, en favorisant leur inclination; & ma maniere de vivre m'ayant concilié la bienveillance de tous, tous concourront à mes vues. Briguelle en aura tout le mérite à mes yeux; & je vous jure que je n'échapperai aucune occasion de vous récompenser.

BRIGUELLE.

Je ne sçais que dire : mais vous avez raison. Vous êtes offensée dans votre honneur, qui est la chose la plus délicate, & le trésor le plus précieux d'une fille de bien. Pour moi, je vous seconderai toujours; disposez de moi, comme vous voudrez. Permettez-moi de vous dire encore, que je vous veux du bien, & que si vous ne réussissez pas à obtenir Florinde, Briguelle sera toujours à votre service.

ROSAURE.

J'accepte l'offre avec la condition : Briguelle a je ne sçais quoi qui me plaît : mais voici Diane, la fille du Docteur. Laissez-moi commencer mon rôle.

BRIGUELLE.

Je suis content, si vous m'avez compris... *à part....*

(Fortune seconde mes vœux !... c'est un vrai pigeon de voliere *.

SCENE II.

ROSAURE, DIANE.

DIANE.

AH ! Rosaure, je me sens mourir.

ROSAURE.

Allons ; cessez une bonne fois de vous plaindre. Les larmes ne guérissent pas les maux, & font tort à votre prudence. Croyez que je peux vous donner du soulagement : je vous l'ai promis ; & je tiendrai parole.

DIANE.

Qui aime, est toujours en crainte ; & qui est sous le pouvoir d'un pere sévére, a peu sujet d'espérer.

ROSAURE.

Quand vous seriez surveillée par cent peres comme le votre, je vous promets que Momolo sera votre époux.

DIANE.

Ma chere Rosaure, vous me rendez la vie, je vous recommande mon bonheur.

ROSAURE.

Tous les animaux emploient à leur défense les armes

---

* Il y a dans le texte *Questo l'e un colombin sotto Banca* ; Proverbe Italien qui répond à celui qui est d'usage en quelques Provinces. ... *c'est un poulet à l'épinette.*

que la nature leur a données. Le bœuf se sert des cor-
nes; le cheval, des pieds; le chien, des dents; le chat,
des griffes; l'hérisson, de ses pointes; l'oiseau, de son
bec; & la puce échappe par l'agilité de ses mouvemens.
L'homme abuse du pouvoir qu'il a usurpé sur nous; &
nous employons la feinte & la ruse, qui font le plus
bel appanage de notre sexe, & en quoi consiste notre
force, pour éviter les embûches des hommes. C'est
par-là qu'on persuade la jeunesse, & qu'on trompe la
vieillesse. C'est avec la feinte qu'on acquiert des
amants, qu'on assûre son fort, & qu'on se joue de
la cruauté des parens.

D I A N E.

Je n'aurai pas de peine à suivre vos avis, étant naturellement portée à cacher les secrets de mon cœur.

R O S A U R E.

Cela ne suffit pas : il faut encore le faire croire différent de ce qu'il est.

D I A N E.

Que voulez-vous dire?

R O S A U R E.

Je m'explique. Vous aimez le seigneur Momolo. Si
votre pere le scavoit, il n'y consentiroit pas, parce
qu'il est étranger, étudiant, & un peu folâtre. Vous
devez donc paroître à votre pere fort éloignée de pareilles amours, & vous montrer portée à toute autre
chose : il faut qu'il vous voie attentive au travail,
amie de la retraite, peu curieuse des plaisirs, scrupu-
leuse, modeste, & surtout simple & ingénue. Lorsqu'il sera convaincu par ces fausses apparences, laissez
faire à moi, je l'amenerai à ce que vous desirez.

DIANE.

Oui, ma chere Rosaure, je suivrai tes conseils : ta maniere me plaît.

ROSAURE.

Je veux vous donner un autre avis sur la maniere de vous conduire avec votre Amant. Ne soyez pas si simple avec lui, ni si prompte à croire tout ce qu'il vous dira. Les hommes ne sont que trop habiles à tromper les pauvres filles. Je l'ai bien éprouvé pour mon malheur.

DIANE.

Tu as aussi aimé ?

ROSAURE.

Et pourquoi non ? Mais j'ai été indignement trahie. Oh ! maudit amour, plaisirs trompeurs !.....Voici votre pere : baissez les yeux, joignez les mains, gardez le silence ; & laissez-moi parler.

SCÈNE III.

LE DOCTEUR, *les mêmes.*

ROSAURE.

ALLONS, Mademoiselle, réveillez-vous de cet engourdissement léthargique. Si vous restez ainsi, vous deviendrez apoplectique en peu de tems. La belle consolation que vous donnerez à votre pere ! Les filles de bien doivent fuir les mauvaises compagnes : mais elles doivent se désennuyer avec leur ouvrage, se réjouir avec les filles de la maison, ou se diſtraire avec un livre. Vous ne voulez rien faire, cela me fait enrager.

LE DOCTEUR, *à part.*

(O le bon domeſtique!)

ROSAURE.

Au moins, répondez-moi donc.

DIANE, *à part.*

(Elle m'embarraſſe : je ne ſcais que dire.)

ROSAURE.

Oh! ſi j'étois votre pere, je trouverois bien le moyen de vous faire parler. Mais, Dieu me pardonne, il eſt un peu trop condeſcendant pour ſes enfans.

LE DOCTEUR.

C'eſt vrai, c'eſt vrai : je ſuis trop bon. Vous avez raiſon; ma fille abuſe de mes bontés.

DIANE.

Patience, mon pere.

ROSAURE, *au Docteur.*

Que voulez-vous faire? Elle eſt jeune : il faut compâtir à ſon âge.

LE DOCTEUR, *à part.*

(Elle la corrige quand elle eſt ſeule, & l'excuſe en ma préſence!)

ROSAURE.

Or ça, Mademoiſelle, faites voir à votre pere que vous êtes une fille obéiſſante : allez travailler; je vous ai préparé un deſſin pour broder vos manchettes.

Allez : sçachez que l'oisiveté est la mere de tout vice.
(*Bas... Allez écrire une Lettre au seigneur Momolo.*)

D I A N E.

Volontiers, j'y consens. Mes doigts vont se dégour-
dir en travaillant à ce dessin. (*Bas à Rosaure... Vous
verrez si ma Lettre est bien écrite.*)   *Elle s'en va.*

S C E N E   I V.

LE DOCTEUR & ROSAURE.

LE DOCTEUR.

BRAVE, brave : vous me plaisez infiniment. Mais
dites-moi, ma chere Rosaure, puisque vous avez le
talent de tirer ma fille de son engourdissement, ne
pourriez-vous pas trouver moyen de mettre un frein
à la maudite ambition de Béatrice ma brû ?

ROSAURE.

Oh ! que si ; je suis faite pour enseigner la modestie &
l'économie aux femmes.

LE DOCTEUR.

Si elle continue de même, elle aura bientôt opéré la
ruine de ma pauvre maison.

ROSAURE.

Trop souvent, hélas ! le luxe & l'ambition sont la
ruine des familles : mais votre fils le souffre-t-il ?

LE DOCTEUR.

Mon fils ne pense qu'à jouer à la Loterie, ce qui

achéve de renverfer fa maifon. Il étudie journellement les livres de cabale, & le calcul pour deviner
les nombres heureux. Mais il n'a jamais pu y gagner
un écu; & il fe foucie de fa femme, comme s'il n'en
avoit pas.

ROSAURE.

Vraiment, c'eft affez la mode : les maris négligent
leurs femmes. Et puis, fuivant le Proverbe, l'occafion fait le larron ; quand la femme eft négligée, elle
trouve un vengeur. Mais ça, croyez-en ma foi; je ferai
à Béatrice une leçon qui la rangera à fon devoir. Rien
n'eft pis que le luxe & le goût défordonné des modes.
Ché Diavolo ! tous les mois une mode nouvelle.
Tantôt une queue, comme les Reines de Théâtre ;
tantôt une juppe retrouffée : aujourd'hui une fantai-
fie, demain une autre. On devroit bien bannir ces
inventeurs de modes, comme des peftes publiques
& des fauteurs du luxe qui ruine tout.

LE DOCTEUR, *à part.*

(On ne peut mieux parler.)

ROSAURE.

Mais pourquoi, Seigneur Patron, allez-vous ce matin fi tard au palais ?

LE DOCTEUR.

Il n'y a pas long-tems que l'heure eft fonnée. D'ailleurs je n'ai aujourd'hui qu'une feule caufe.

ROSAURE.

Eh! bien; ne devez-vous pas être auffi inquiet du
gain de cette caufe, que fi vous en aviez dix. Votre
Adverfaire fera à vous attendre ; il croira que ce re-
tard vient de la crainte : il en prendra courage. Je
vous

vous ai ouï dire cent fois, *melius est prævenire quàm prævениri.*

LE DOCTEUR.

(Quel esprit!) Vous dites bien : mais la cause de ce matin est une affaire légere, qui se plaidera sommairement devant le Juge, après la grande Audience.

ROSAURE.

A quel jour a-t'on remis votre belle Cause de Fidéicommis ?

LE DOCTEUR.

Aprés demain.

ROSAURE.

Je parierois que vous la gagnerez sans faute.

LE DOCTEUR.

Etes-vous instruite de cette affaire ?

ROSAURE.

Oh! très-instruite.

LE DOCTEUR.

D'où la sçavez-vous?

ROSAURE.

Je vais vous le dire. Lorsque le Procureur vint pour vous en parler, j'étois à la porte où j'écoutai avec grand plaisir le rapport qu'il vous en fit. Voyez si j'ai bien saisi. Fabrice Mascardi Testateur, disposa de ses biens en 1680. Il n'avoit point d'enfans mâles, mais seulement deux filles mariées, Lucréce & Constance. Il institua pour ses héritiers universels & fidéi-commissaires, les fils de ses deux filles *également*; ce sont les termes du Testament. Il passe ensuite à la substi-

B

tution, dont voici la clause : *& quand il n'y aura plus de mâles, que mes biens aillent aux femelles descendantes de mesdites Filles.* Venons au fait. Les deux Filles du Testateur eurent chacune des mâles & des femelles : mais les mâles de la ligne de Lucréce sont morts. Il ne reste plus que des filles ; au contraire, il y a encore des mâles de la ligne de Constance. Voilà le point de la Cause. *Quæritur,* si les filles de Lucréce sont appellées à la substitution, tant qu'il y aura des mâles de l'autre ligne. Je scais que vos Adversaires, en avançant qu'il y a *réciprocité* dans la première institution, soutiennent que les filles ne seront capables de recueillir qu'après l'extinction des deux lignes. Mais je scais aussi qu'en vous fondant sur le mot *également,* vous pouvez d'autant mieux réfuter l'objection, que la *réciprocité* n'étant pas nommément exprimée, on ne peut y suppléer ; & en soutenant que les femmes sont expressément appellées à la substitution, j'espere que vous gagnerez cette cause importante. J'ajouterai mon avis ; comme c'est un point de droit assez obscur, rassemblez des preuves de tout côté pour en écraser votre Adversaire. Pourvoyez-vous d'une multitude de textes, de loix, d'exemples, de pratiques, de décisions, de statuts, de décrets ; & si tout ce que Justinien a rassemblé dans les instituts, le code & le digeste, ne suffit pas, forgez vous-même de nouvelles loix : citez-les avec l'interprétation d'Auteurs inconnus, jusqu'à ce que votre Adversaire ne scachant que répondre, & que le Juge ayant honte de ne pas scavoir ces loix, il vous donne raison pour sa propre réputation. Souvenez-vous de ce mot, *coram Judice audacia sœpe sœpius triumphat.* Seigneur Patron, il se fait tard, allez au Palais ; vous reviendrez ensuite à la maison vous reposer, & faire un bon repas, en vous souvenant que *omnia tempus habent.*   *Elle s'en va.*

SCENE V.

LE DOCTEUR, *seul.*

LE DOCTEUR.

J'EN demeure stupéfait : cette femme est un prodige de nature. C'est une chose vraiment extraordinaire ; & moi je souffrirai qu'une fille digne de monter en chaire, s'avilisse dans les devoirs de la servitude ! Non, non, je veux l'épouser ; je veux avoir près de moi ce puits de science, ce prodige de notre siecle ; oui, je la veux épouser ; & comme dit Caton dans ses proverbes, *si vis nubere, nube pari.* Je ne scaurois trouver plus de parité, plus de rapport dans les manieres, l'inclination & les talens de Rosaure avec les miens ; c'est le même génie, le même tempérament. Oui, ma chere Rosaure, si vous avez été jusqu'ici auprès de moi *in qualitate servili,* vous y serez à l'avenir *tanquam Domina ;* & cela avec raison, parce qu'une femme sage est digne de tout honneur. Mon fils Florinde arrivera bientôt ; il sera surpris de trouver ici une femme si vertueuse & si scavante. Qui scait si depuis tant d'années qu'il étudie à Pavie, il sera parvenu à en scavoir moitié autant que cette brave fillette. Le plus souvent les Etudians n'apprennent autre chose qu'à faire l'amour. *Il s'en va.*

S C E N E *VI.*

ARLEQUIN *avec une coëffe & quelques autres ornemens de Béatrice ; un miroir à la main, avec lequel il se pavanne en se mirant. Ensuite* BÉA-TRICE *en déshabillé.*

A R L E Q U I N.

OH! qu'il est beau! Qu'il est gracieux! De qui est ce charmant minois? D'Arlequin? Oh! cela ne peut être. C'est cependant moi qui suis Arlequin. Mais cette belle coëffe, ces jolis ajustemens, ces galanteries font si bien, que je ne ressemble plus à Arlequin. A présent je comprends pourquoi tant de femmes, assez laides d'ailleurs, paroissent si jolies ; c'est à cause de la coëffe, du toupet, des fontanges, ou pour quel-qu'autre bagatelle ; & nous autres gonzes, nous don-nons droit là-dedans. Je suis sûrement Arlequin ; & je ne ressemble plus à Arlequin ; c'est par ces ruses que quelque diablesse passe souvent pour un Ange. Oh! que de gentillesse ! que de graces! que de mignardi-ses ! *Oh! che vezzo! Oh! che brio.*

(*Il fait des lazzis en se mirant.*)

B É A T R I C E... (*du dedans.*)

Arlequin.

A R L E Q U I N.

Oh! Diavle! la Patrone! si elle me voit, je suis perdu.

B É A T R I C E, (*Elle sort.*)

Maraut, que fais-tu là ?

ARLEQUIN.

Dites la vérité : est-ce que je ne suis pas bien avec ste coëffe ?

BÉATRICE.

L'ôteras-tu ? si je prends un bâton.

ARLEQUIN.

Jalousie pure. Vous avez peur que je ne sois plus belle que vous.

BÉATRICE.

Qui est là ? Il n'y a personne ? Rosaure ?

SCENE VII.

ROSAURE, *les mêmes.*

ROSAURE... (*du dedans.*)

J'Y vais, Madame.

ARLEQUIN.

Sans faire tant de bruit, tenez, voilà votre coëffe ; je suis assez beau sans tous ces affiquets.

(*Il pose la coëffe sur une table ou sur un siege.*)

ROSAURE.

Me voici, Madame, à vos ordres. Excusez, si j'ai tardé, mais j'étois occupée après cette antiquaille de beau-pere.

(*Arlequin fait mille jeux autour de Rosaure, qui lui répond par des mines.*)

B 3

BÉATRICE, *à Arlequin qui fait des lazzis.*

Hors-de-là, impertinent.

ROSAURE, (*bas à Arlequin qui s'en va.*)

Va-t'en, cher ami; & reviens quand je serai seule : j'ai à te parler. *A part.* (Il peut aussi m'aider.)

BÉATRICE.

Il est insoutenable.

ROSAURE.

Il est par fois amusant. J'aime assez les hommes sans façon.

BÉATRICE.

Et moi aussi : mais c'est quand ils ont de l'esprit. Celui-ci est une bête.

ROSAURE.

Croyez, Madame, que ces hommes simples nous accommodent beaucoup mieux, nous autres femmes, que ceux qui font accorts, que ces courtisans ; & cela, par plusieurs raisons. Avec les gens simples & bons, non-seulement nous faisons à notre mode , mais nous les engageons encore à faire eux-mêmes ce que nous voulons. Ils n'osent pas désapprouver nos parures, nos modes. S'il survient du bruit, ils font les premiers à se taire : ils font soumis, timides; & qu'importe qu'on leur fasse croire que des vers luisans font des lanternes? Mais avec ces gens d'esprit, tenez-vous pour avertie, qu'il est bien difficile de leur persuader qu'un billet amoureux est un mémoire de Blanchisseuse.

BÉATRICE.

Eh! tu l'entends assez bien! Je suis très-aise en effet

que la Providence m'ait pourvue d'un mari de la plus
fine simplicité.

R O S A U R E.

Mettez ce bonheur à profit; & faites toujours valoir
la supériorité de votre esprit.

B É A T R I C E.

Donne-moi cette coëffe.

R O S A U R E.

Vous voulez recevoir visite avec cet ajustement ?

B É A T R I C E.

Pourquoi, non ? si Arlequin ne l'a pas chiffonnée.

R O S A U R E.

Cette coëffure est antique : les dentelles sont communes; vous n'en avez pas de plus fraîches ?

B É A T R I C E.

Ma foi, je n'en ai pas de meilleure.

R O S A U R E.

Pour une femme de votre sorte , pardonnez-le moi,
elle est très-indécente. Si vous me le permettez, je
ferai venir une Marchande de modes de mes amies ,
qui est la premiere de Bologne. Elle vous fournira des
dentelles magnifiques , & fera vos coëffures à la derniere mode. Elle se contentera à ma considération
d'un demi écu pour la façon.

B É A T R I C E.

Tu me feras plaisir : mais cette dépense me paroît
forte.

B 4

ROSAURE.

Ah! quand il s'agit de la mode, on ne regarde pas à la dépenfe. Je vous confeille auffi de faire refaire toutes vos robes, & retoucher vos ajuftemens pour leur donner plus de grâces. Enfuite je vous compoferai un blanc où il n'entre aucun corrofif, pour ne point gâter la peau ; & un rouge végétal tel qu'il fe vend à Paris ; de forte que votre fard l'emportera fur celui de toutes les dames de Bologne. Je vous taillerai les cheveux dans le dernier goût ; & je vous les ajufterai avec une pomade qui fera tenir la frifure, comme fi elle étoit de ftuc. Laiffez-moi vous pourvoir de toutes ces bagatelles extravagantes, qui font ridicules au fond, mais qui coûtent fort cher, parce qu'elles font à la mode.

BÉATRICE.

J'ai oui frapper à la porte, regarde un peu.

ROSAURE.

J'y vais tout de fuite. (*Elle va voir.*)

BÉATRICE.

Une pareille fille de chambre eft un tréfor ; elle eft telle que je la voulois. Nous allons bien étudier les modes ; & nous ferons des chofes charmantes.

ROSAURE, *revient.*

Madame, fcavez-vous qui c'eft ?

BÉATRICE.

Non, fi tu ne me le dis.

ROSAURE.

Le Seigneur Lelio.

BÉATRICE.

Qui ? cet amoureux transi, qui est si affecté en tout ?

ROSAURE.

Précisément.

BÉATRICE.

Fais-le entrer ; nous aurons occasion de rire.

ROSAURE.

Voulez-vous le recevoir en déshabillé ?

BÉATRICE.

Je ne fais pas tant de façons avec lui.

ROSAURE.

Eh ! permettez ! les Dames attentives doivent des égards à tous. Pour exiger du respect, il faut du maintien & de l'extérieur. Non, non, Madame ; mettez-vous sur votre paré, & faites-vous donner un coup de main par votre belle-sœur, tandis que j'entretiendrai ici le Seigneur Lelio.

BÉATRICE.

Oui, tu dis bien ; cause avec lui, tandis que je m'habillerai, & tu l'ameneras ensuite dans mon appartement. (*Elle s'en va.*)

SCENE VIII.

ROSAURE.... puis LELIO.

ROSAURE.

LA belle chose que de se conformer aux humeurs des personnes. Mais que fait le Seigneur Lelio, qu'il n'avance pas? Hola! quelqu'un.

LELIO.

Est-il permis au très-respectueux serviteur de la signora Béatrice, de lui présenter ses hommages avec une humble révérence?

ROSAURE.

Ma maîtresse est très-sensible à la faveur & à la politesse d'un Cavalier si accompli?

LELIO.

Etes-vous, Mademoiselle, la très-digne chambrière de ma très honorable Dame?

ROSAURE.

Pour servir votre Seigneurie illustrissime. (*Elle fait une profonde révérence.*)

LELIO.

Combien y a-t-il, que vous ornez avec ces mains industrieuses la beauté de Madame?

ROSAURE.

Le char du Soleil en est aujourd'hui à sa huitieme course, depuis que j'ai cet honneur.

LELIO.

Vous êtes aussi érudite qu'éloquente. Oh! combien la nature a pris plaisir à orner de ses plus beaux dons, le corps & l'esprit de votre Seigneurie! Oserois-je demander quel est son nom respectable?

ROSAURE.

Rosaure, à vous servir.

LELIO.

La couleur de la rose est en effet sur vos joues, & la blancheur du lys sur votre sein. Je crois que telle est la pureté de votre belle ame.

ROSAURE.

Complimens flatteurs d'un Cavalier généreux.

LELIO, *à part.*

(Puissances du monde! sa figure me subjugue.)

ROSAURE, *à part.*

(Il faut m'amuser.)

LELIO.

En quel genre de science, Mademoiselle a-t-elle exercé la perspicacité de son rare talent?

ROSAURE.

Aux occupations ordinaires des femmes, qui quoi-qu'elles semblent viles au commun des mortels, renferment souvent des mysteres d'un grand sens. En filant ma quenouille, pour entasser l'étamine sur le fuseau, j'ai souvent songé à ce fil si subtil de nos jours. Le moindre accident, disois-je en moi-même, & souvent notre étourderie viennent à le rompre; & c'est ainsi que nous cessons de vivre.

LELIO.

Quelle éloquence! quelle réflexion profonde! Mais le fort eft trop injufte; & nous imitons fon injuftice, en laiffant dans la domefticité une perfonne auffi refpectable, auffi merveilleufe par fon fcavoir.

ROSAURE.

La félicité humaine confifte à vivre content dans fon état. Satisfaite de mon fort, je puis m'appeller heureufe.

LELIO.

Vous vous contentez de peu.

ROSAURE.

Qui fe contente de peu, eft très-riche.

LELIO, *à part.*

(Ah! que je ferois heureux, fi je pouvois faire l'acquifition d'une femme fi gentille & fi fpirituelle!)

ROSAURE, *à part.*

(Ce qu'il marmotte à-part-lui, m'annonce un nouveau triomphe. Le pauvre fot! comme il fe trompe!)

LELIO.

Pardonnez, fi je donne trop d'effor à mon indifcrete curiofité, fans cependant manquer au refpect que je vous dois. Avez-vous déjà favorifé quelque heureux mortel du tréfor de vos bonnes graces?

ROSAURE.

Si le refpect que je dois à votre vénérable perfonne me permettoit d'examiner fa propofition, je la trouverois paradoxale. Le tréfor des graces ne peut couler d'une fource auffi abjecte que moi.

LELIO.

Votre modestie, aussi rare qu'exemplaire, vous caractérise de plus en plus ; & vous fera passer pour la Pénélope de notre siécle.

ROSAURE.

Et votre sagesse vous annonce partout, pour un nouvel Ulysse.

LELIO.

Le chaste nœud qui nous uniroit à leur exemple, seroit-il si hétéroclite ?

ROSAURE.

Je ne m'aviserai pas de le décider. Mais quant à moi, je sçais bien que je ne pourrois vous promettre un nouveau Télémaque.

LELIO.

Par quelle raison ?

ROSAURE.

Parce que Minerve ne prendroit pas la peine d'élever le bambin d'une pauvre femme telle que moi.

LELIO.

Mademoiselle, vous m'avez frappé.

ROSAURE.

Avec quelles armes ?

LELIO.

Avec deux puissans traits ; un regard de vos beaux yeux, & la douce éloquence qui coule de vos levres.

ROSAURE.

Le coup ne pénétrera pas, à cause de la foiblesse des armes.

LELIO.

Ils ont cependant fait jusqu'au fond de mon cœur une fatale bleſſure.

ROSAURE.

Seigneur Cavalier, cette expreſſion ſent bien ſon Roman.

LELIO.

C'eſt cependant ma miſérable hiſtoire.

ROSAURE.

On en feroit un bon ſujet de Comédie.

LELIO.

Ah! dites plutôt de Tragédie.

ROSAURE.

Oui, ſi je voulois en croire vos paroles.

LELIO.

Je ſuis prêt de verſer tout mon ſang pour authentiquer cette vérité.

ROSAURE.

Réſervez ce grand ſacrifice pour une idole plus méritante. Monſieur, ma Maîtreſſe vous attend.

LELIO.

C'eſt vous qui êtes la maîtreſſe de ce cœur.

ROSAURE.

Très-obligée à vos bonnes graces. Allez donc où le devoir vous appelle.

LELIO.

Mon devoir eſt de vous adorer.

ROSAURE.

Allez : ou je quitte la partie.

LELIO.

Cruelle !

ROSAURE.

Partez.

LELIO.

Inhumaine !

ROSAURE.

Mais, mais, allez donc.

LELIO.

Je pars : mais mon cœur reste avec toi. *Il s'en va.*

SCENE IX.

ROSAURE,... puis ARLEQUIN.

ROSAURE.

Vivent les fous. Si je pratiquois long-tems celui-ci, je deviendrois aisément folle à mon tour. Je trouve cependant du plaisir à l'avoir pour ami, parce qu'il pourra prendre ma défense contre l'audacieux Florinde, s'il entreprenoit quelque chose contre moi. Je veux aussi me concilier l'affection des valets. Je posséde déjà celle de Briguelle, je compte encore m'asûrer d'Arlequin. Je le vois sortir de la cuisine. Eh! Arlequin, Arlequin; dis, entends-tu ?

ARLEQUIN.

Uh! uh! qui m'appelle ? qu'est-ce? On ne me laisse

pas plus de repos que dans une galere.

ROSAURE.

Ne te fâches pas, Arlequin. C'est moi qui t'appellois pour jouir un moment de ta converfation.

ARLEQUIN.

Je croyois que c'étoit mon incivile Maîtreffe.

ROSAURE.

Pourquoi la traites-tu d'incivile?

ARLEQUIN.

Parcequ'elle n'a aucun refpect pour moi : elle me traite comme un baudet, me bâtonne comme un chien, & me donne à manger comme à un oifeau.

ROSAURE.

Pauvre Arlequin! il me fait compaffion!

ARLEQUIN.

Mais tu peux me favorifer.

ROSAURE.

En quoi? parle, que j'y fuis difpofée.

ARLEQUIN.

Tu as la clef de l'office, celle de la cave, la clef de tout. Je voudrois que tu me prêtes feulement deux fois par jour, cette bienheureufe clef.

ROSAURE.

Et fi les maîtres s'en apperçoivent ?

ARLEQUIN.

ARLEQUIN.

Patience. Pour une franche-lippée on peut bien souffrir quelques baftonnades.

ROSAURE.

Eh! laiffe faire à moi, je trouverai bien le moyen de
te contenter, fans t'expofer à ce péril.

ARLEQUIN.

Mais, comment?

ROSAURE.

Nous attendrons que tout le monde foit couché, auffi
bien que ce fourbe de Briguelle que je ne puis fouf-
frir; & puis nous viendrons tous deux *pian-piano* à la
cuifine, où j'aurai préparé avant tout, ce qui eft néceffaire. Nous allumerons un bon feu clair, pour faire
bouillir de l'eau; quand elle commencera à murmurer, nous y verferons *poco à poco*, de la femouille
jaune comme l'or; & toi, avec une docte baguette,
tu t'amuferas à y faire des cercles & des lignes, pour
l'empêcher de brûler. Puis, quand elle fera cuite &
bien épaiffe, nous la verferons doucement fur un plat
bien net : nous y mettrons une bonne portion de
beurre frais, bien appétiffant, avec une fuffifante
quantité de bon Parméfan bien gras, bien gratté,
bien ratiffé; *e Poi? e Poi Arlecchino & Rofaura* l'un
d'un côté, l'autre de l'autre, feront un repas d'Empereur. *E Poi*, j'aurai préparé deux flaccons de ce bon
vin vieux, fi doux; & tous deux, nous nous gaudi-
rons jufqu'à fon entiere confommation. *Che ti pare
Arlecchino? andèra bene Cofi?*

ARLEQUIN.

O taſi, cara ti, che ti me fa andar in deliquio. Ah! je
me pâme!

C

ROSAURE.

Eh ! Arlecchino & Rosaura feront fouvent de ces petits repas délicieux , fi tu me veux du bien.

ARLEQUIN.

C'eſt toi qui me veux ben du bien : mais tu te moc-ques du pauvre Arlequin.

ROSAURE.

Ah ! *Furbacciotto !* tu crois que je ne ſcais pas de tes nouvelles !

ARLEQUIN.

Que peux-tu ſcavoir de moi?

ROSAURE.

Oh ! je ſcais très-bien que tu vas ſouvent aider la la-vandiere à faire ſa buée. *E perche?* pour couler la leſ-ſive avec ſa fille.

ARLEQUIN.

Oh ! non, en conſcience !

ROSAURE.

Je ſcais que tu es toute la zornée chez la marchande de fromage. *E perche ?* parce que ſa ſervante eſt jolie.

ARLEQUIN.

Eh no. J'y reſte pour l'odeur du fromage.

ROSAURE.

Je ſcais fort bien que tu attires ſouvent à la maiſon cette petite Camendeuſe ; *E perche ?* parce qu'elle eſt eſtropiée de la ceinture en bas, mais fraîche & jolie par en-haut.

ARLEQUIN.

Fi. Je la reçois, parce qu'elle m'apporte quelquefois du pain & du fromage, ou du bon potage.

ROSAURE.

Cela peut bien être! Il y a tant de femmes qui mendient pour entretenir leurs amans. Suffit que je ne puis me fier à toi. Encore l'autre.....

ARLEQUIN.

Rend-moi service. Mets-moi à l'épreuve; & tu verras.

ROSAURE.

Non, non. Je me garderai d'en courir les risques; je craindrois d'être trahie.

ARLEQUIN.

Ecoute: si je te trompe, je prie le ciel qu'il me fasse perdre ce que j'ai de plus cher.

ROSAURE.

Qu'est-ce que tu as de plus cher?

ARLEQUIN.

L'appétit.

ROSAURE.

Oh! après un tel serment, je suis forcée de te croire. Tu me veux du bien, je n'en peux plus douter.

ARLEQUIN.

Sì cara; oui, petits yeux frippons; oui, mon cœur, je ferai tout à toi, dessus, dessous; de dedans, de dehors; devant, derriere; de-çà, de-là; de nuit, de jour; d'hiver, d'été; en chaud, comm'en froid; quand je te vois, mon amour s'acroît : *bondì mia caretta, te dono'lmio cuor.*   *Il s'en va.*

S C E N E X.

R O S A U R E, *seule.*

CEUX qui vont à la chasse ou à la pêche, s'accommodent des moindres proies, comme des meilleures, pour ne pas perdre le coup de filet : mais dira quelqu'un, que veut faire Rosaure de tant de serviteurs ? Seroit-elle l'écoliere de cette célébre Corisça du Pastor Fido, qui avoit pour maxime, *d'en avoir beaucoup, afin d'en changer souvent.* M'en préserve le ciel ! Je ne suis point de cette taille-là. Je chéris l'honnêteté plus que la vie même. Je ne cherche qu'à tirer vengeance du traître Florinde, & de tout ce sexe orgueilleux & trompeur.

S C E N E X I.

O C T A V I O & B R I G U E L L E.

O C T A V I O.

» Réunis le huit quatre fois ;
» Le produit par moitié divis,
» Mets dessous quatre, cinq & six ;
» Un TERNE auras pour cette fois.

PUISSANCE du monde ! la cabale s'explique pour cette fois si clairement, que je jouerois sur ce terne tout mon patrimoine. Quatre fois 8. font 32. la moitié 16. Multipliez cette moitié par le 4, fait 64 ; *idem* par le 5, fait 80. Mais on ne peut multiplier ici 16 par 6,

parce que le produit 96 seroit trop fort; il faut donc
ajouter 6 à 16, & dire 22. Ah! voilà ce MERVEIL-
LEUX TERNE 22. 64. 80. Briguelle, prends ce se-
quin; & vas me jouer sur ces trois numéros qui me
doivent produire un *terne* de cinq mille sequins.

B R I G U E L L E.

Pourquoi ne pas jouer aussi sur l'ambe? Cela me paroît folie.

O C T A V I O.

Un ambe ne peut m'accommoder. Il me faut un terne, & un gros terne, pour guérir les plaies que cette
maudite Loterie a faites à la maison de mon pere.
Dorénavant je veux jouer avec économie. Vas donc
vîte, & ne t'amuse pas. Il est vrai que la cabale me
promet un terne, mais pas sur trois numéros seuls.
Quel autre numéro choisir? Il faut opérer sur le 5,
comme j'ai fait sur le 6, & dire, 16 & 5 font 21. Mais
si je jouois encore sur le 4. Eh! bien; 16 & 4 font 20.
Voilà un QUINE tout formé : 20. 21. 22. 64. 80.
Mais pour jouer sur ce quine, il me faudroit dix sequins, & je ne les ai pas; il faut cependant absolument le jouer. Briguelle, prends cette montre & cette
bague; mets-les en gage pour dix sequins; & reviens
afin que nous allions jouer ensemble ce bienheureux
quine.

B R I G U E L L E.

Vous oubliez les intérêts & l'usure à prendre sur ces
gages. Vous scavez bien, qu'il n'y a pas bien de la
piété au Mont-de-Piété.

O C T A V I O.

Et que m'importe l'usure, si demain je suis riche de
dix mille écus au moins?

C 3

BRIGUELLE.

S'il est ainsi, vous avez raison. Je vais les mettre en gage. (*Canchero !* s'il est si sûr de gagner, je veux jouer aussi. Mais si le banquier ne vouloit pas tenir ? Je lui donnerai tout ce qu'il voudra, pour qu'il me fasse la charité de prendre ce quine.)

Il s'en va.

SCENE XII.

OCTAVIO.... *puis* ROSAURE.

OCTAVIO.

MAIS... abandonnerai-je le 16, le 33, le 6, qui sont trois numéros nommés par la cabale? Je devrois encore les jouer. Par Bacchus! je voudrois bien avoir de l'argent pour faire un si beau jeu. Patience, quand j'aurai gagné, cet argent sera bien emploié. Une seule fois, le bonheur n'a qu'à m'en vouloir; & alors je suis sûr de m'enrichir avec ce Loto. Alors je ferai voir à mon pere que j'ai plus de jugement que lui; que d'après mon calcul, j'avois semé pour recueillir, & pour aggrandir notre maison. On attend aujourd'hui mon frere : on va faire festin ; & si je gagne, je ferai honneur à toute la famille. Mais si j'ai par bonheur le quine, je ne jouerai plus.

ROSAURE, *à part.*

(Voici le patron qui raffole de sa Loterie : je veux seconder sa folie.) Eh! Monsieur, je vous trouve à point. Je vous cherchois.

OCTAVIO.

Eſt-ce quelque nouvelle ſotiſe de ma chere moitié?
Elle veut me ruiner.

ROSAURE.

Non, eſpérez : je crois au contraire pouvoir remédier
à vos beſoins.

OCTAVIO.

De quelle maniere?

ROSAURE.

J'ai fait un beau rêve ; & je gage que le terne s'y
trouve asſûrement.

OCTAVIO.

Eh! pour l'amour de Dieu, raconte-moi vîte ce ſonge.
Où eſt Briguelle? Bon, il reviendra.

ROSAURE.

Je ſongeois que j'étois ſur une montagne haute, haute, haute.

OCTAVIO.

C'eſt le numéro 90.

ROSAURE.

Très-bien. Il me ſembloit que je jouois aux aveuglet-
tes ou au Colin-Maillard avec mes compagnes.

OCTAVIO.

Eh! ce ſont préciſément les noms des filles, donnés
aux Numéros de la Loterie.

ROSAURE.

En cherchant à tâtons, comme vous ſcavez que cela
ſe fait, au lieu d'une, j'en ai pris trois.

C 4

OCTAVIO.

Voilà le terne.

ROSAURE.

En levant le bandeau pour reconnoître ma proie, j'ai vu mes trois meilleures amies, Menichina, Cecchetta & Tognina.

OCTAVIO.

As-tu la liste de la Loterie?

ROSAURE.

Non, Monsieur, en vérité.

OCTAVIO.

Si je m'en souviens, la premiere est le numéro 39; la seconde, est le 59, & Tognina est le 60. Oh! le beau terne! le beau terne!

ROSAURE.

Écoutez le meilleur. Je leur ai dit : ne voulez-vous rien me donner pour ma capture? Elles m'ont répondu, nous te donnerons de l'or, tant que tu voudras. Alors je me suis réveillée fort gaie : mais devinez ce qui m'est arrivé? Vous sçavez ce petit Epagneul qui couche avec moi : il m'avoit remplie de saletés. Qu'espérer d'un tel songe?

OCTAVIO.

Qu'espérer? eh! comment! l'ordure signifie de l'or. Oh! le terne est sûr. Il faut jouer beaucoup, pour gagner beaucoup. Je veux faire mon possible pour jouer encore sur ces trois numéros.

ROSAURE.

(Moi, je n'y mettrois pas une bayocque) Mais comment avez-vous fait, Seigneur Patron, pour vous rendre si expert à un jeu si difficile?

OCTAVIO.

J'y suis parvenu par l'étude, par les veilles. J'ai employé six ans à me familiariser avec l'art de Raimond Lulle, qui ouvre la porte à toutes les sciences spéculatives & mystiques. Ensuite j'ai passé à l'étude profonde de l'Art cabalistique du Mirandolano; & pour le mieux comprendre, je me suis servi du Commentaire Italien d'Alexandre Farra, n'ayant pas grande connoissance du Latin. A force de m'appliquer à la Stegonomantie de Trithême, que m'expliquoit un Savant, qui est une boutique d'érudition, je suis parvenu à y comprendre quelque chose de plus. Mais il est inutile que je t'entretienne de ces matieres, puisque tu n'en scais pas les premiers élémens.

ROSAURE.

Comment, Monsieur, je n'en ai pas les élémens? Pardonnez; vous me faites injure. Je scais fort bien que l'art de Raimond Lulle est une souveraine imposture. Je scais que le Mirandolan s'est servi des pratiques de ces antiques Hébreux, qui prétendent cultiver la science cabalistique pour le rétablissement de leur nation proscrite; science qui n'est qu'un amas de superstitions, ou, pour mieux dire, de sorcelleries qui, s'il m'en souvient bien, consiste principalement dans la Capiromantie, où l'on fait paroître les morts & les absens dans la glace d'un miroir; ou bien la Coschinomantie, où l'on devine par le moyen d'un tamis...

OCTAVIO.

Oh! diantre! qu'entends-je? Tu en scais bien plus que moi.

ROSAURE.

Oh! Monſieur! entre vous & moi, nous ferions de belles choſes, ſi nous voulions.

OCTAVIO.

Ma chere Roſaure, le Ciel t'a envoiée à mon ſecours. Je ferai déſormais le plus heureux mortel : & toi, tu verras ce que je ferai pour toi. Je t'acheterai un Palais bâti à la nouvelle mode; tu auras tout l'attirail d'une grande Dame: bijoux, habits, dentelles, nipes, richeſſes, divertiſſemens, plaiſirs, bonne chere, & le reſte.... *Allegri, Roſaura, allegri.*

ROSAURE.

Allons; de la joie, Seigneur Patron. (Oh! quel fou!)

OCTAVIO.

Mais Briguelle ne vient point : je vais le joindre; il me manque quelque argent. Nous avons dit, 39. 59. 60. *Non è vero?*

ROSAURE.

Sì Signore.

OCTAVIO.

Oh! bien; je vais jouer. J'y mettrois cette chemiſe. En moins d'un an, j'eſpere bien changer d'état*.

Il s'en va.

---

* On voit par ces deux dernieres Scènes que la forme de la Loterie Royale nous vient des Italiens ; & qu'ils nous ont communiqué leur paſſion pour ce jeu ruineux. Le rôle d'Octavio eſt fort plaiſant ; & ce perſonnage eſt très-commun à Paris.

SCENE XIII.

ROSAURE.... *puis* MOMOLO.

ROSAURE.

J'ÉTOUFFE de rire. Ah... ah... Mais voici Momolo, ce jeune Vénitien, amoureux de la belle Diane. Pour dire vrai, il ne me déplairoit pas : mais je ne veux plus m'amouracher. Il faut cependant le captiver aussi, quand il ne me serviroit qu'à faire quelque bravade à Florinde.

MOMOLO.

Serviteur à Mademoiselle Rosaure.

ROSAURE.

Servante, Monsieur.

MOMOLO.

Que fait la belle Diane ?

ROSAURE.

Toujours aussi froide ; elle n'a qu'une attitude.

MOMOLO.

C'est comme une vraie machine ; & cependant je l'aime.

ROSAURE.

Comment avez-vous pu aimer cettte limonade à la glace ? Vous autres Vénitiens, vous êtes cependant de bon goût ?

MOMOLO.

Je vous dirai ; son minois n'est pas mal. Et puis, je ne scais, un peu de sympathie.

ROSAURE.

Mais qu'espérez-vous de cet amour ?

MOMOLO.

Je ne scais trop ; quelque chose cependant.

ROSAURE.

La voulez-vous pour femme ?

MOMOLO.

Que si ; que non.

ROSAURE.

Ah ! oui. Vous voudriez, comme vous dites vous autres, passer le tems à quelque chose, s'amuser sans qu'il en coûte. *Bravo, bravo, compare ; mi piase.*

MOMOLO.

Ola ! parle Vénézian ?

ROSAURE.

Qualcossa. J'ai connu plusieurs Vénitiens.

MOMOLO.

Est-ce à cause de cela que je sens de l'inclination pour vous ?

ROSAURE.

Oh ! oh ! je ne reçois pas si aisément la fleurette. Je suis une fine Courtisanne ; j'ai de l'expérience.

M O M O L O.

Vous m'avez captivé d'abord. Verriez-vous Venife volontiers?

R O S A U R E.

Pourquoi non? J'irois avec plaifir, à forces rames, fur la gondolette.

M O M O L O.

Si vous voulez venir avec moi, vous le pouvez.

R O S A U R E.

Bravo compare; avec vous, je crois être fur le *Lifton**, & voir une mafcarade dans un caffé.

M O M O L O.

O che Diavolo! avez-vous été au Carnaval?

R O S A U R E.

Que je vous dife; nous ferions fortune à Venife.

M O M O L O.

De quelle maniere?

R O S A U R E.

Scais-je les paffades Vénitiennes? *Elle fe promene au petit pas à la maniere des Vénitiennes.*

M O M O L O.

Oh! quel plaifir!;... Ah! ma chere!

R O S A U R E.

Voulez-vous que nous faffions affaire?....

---

* Un des côtés de la grande Place de Venife où s'affemblent les mafques.

MOMOLO.

Comment ? dites.

ROSAURE.

Eh! si : mais ensuite vous me laisseriez là. Si vous me donniez… suffit… mon cher Momolo.

MOMOLO.

J'entends : il vous faut une promesse, je l'écris sur le champ.

ROSAURE.

Pest…. avec votre écrit. Oh ! il me faut tout de suite la Cérémonie.

MOMOLO.

Et les engagemens que j'ai avec la belle Diane !

ROSAURE.

Ah!… ah!… je prends envie de rire : un Etudiant craint de manquer de parole à une femme !

MOMOLO.

Scachez que tout Vénitien est galant homme.

ROSAURE.

Je le scais. Mais dans ces sortes d'affaires, les Vénitiens sont aussi fourbes que les autres.

MOMOLO.

Ecoutez : qu'on ne scache rien ici de mes propositions. Convenons.

ROSAURE.

Oui : mais je vous dirai, comme c'est l'usage à Venise : *se me volè, se me domandar.*

MOMOLO.

A quoi fert? Sommes-nous pas juftement deux?

ROSAURE.

Ainfi fur deux pieds?

MOMOLO.

Si, bien. Quelle difficulté?

ROSAURE.

E po?

MOMOLO.

Dopo il Po, l'Adige *; une chofe après l'autre.

ROSAURE.

Enfuite, vous me planteriez là !

MOMOLO.

Je fuis galant homme.

ROSAURE.

Laiffez, que je le fcais : mais …

MOMOLO.

Que réfolvez-vous?

ROSAURE.

J'y veux penfer un peu à loifir.

MOMOLO.

Noubliez pas que je vous aime.

---

* C'eft un jeu de mots qui fait allufion à la queftion précédente. Le Pô & l'Adige font deux fleuves d'Italie. *Après le Pô vient l'Adige ;* c'eft-à-dire, une chofe après l'autre.

ROSAURE.

Comment donc! devenu si promptement amoureux!

MOMOLO.

Vous êtes si agréable, si gentille!

ROSAURE.

En caricature... Oui : mais après, Monsieur ira au cabaret, au caffé... il portera le stilet... il ira jouer à la Belle.. il ira visiter les demoiselles.; il fera des parties de plaisir avec ses amis; il me maltraitera, me battra; il maudira le jour où il m'aura épousée....

MOMOLO.

Là là, Siora, ne badinez pas tant : je suis incapable de ces méfaits; je suis enfant de bien.

ROSAURE.

Enfant! ce ne sont pas des blasphêmes, mon cher petit vieillard!

MOMOLO.

Or, que résolvez-vous?

ROSAURE.

Ecoutez,... ma maîtresse appelle : allez, allez, allez; nous nous reverrons ce soir.

MOMOLO.

Oui, ma belle; oui, petit minois sucré.   *Il s'en va.*

ROSAURE.

Pauvre sot! Je serois bien folle de me fier à un jeune homme, à un écolier, à un Vénitien; figurez-vous la bonne piece, composée de ces trois morceaux. Oh!
je

je vais m'aller repofer. Il me paroît que cette matinée eft affez bien emploiée, & que j'ai bien commencé mon rôle. De vrai, les femmes en fcavent plus long que les hommes; c'eft pour cela qu'ils fe gardent bien de les faire étudier : elles ont l'entendement fi fin, qu'alors la quenouille feroit le partage de l'homme : il feroit deffous & la femme deffus, comme dit le Poëte.

La Donna a l'intelletto fopraffino ;
Ma l'Uomo accorto non la fa ftudiare,
Se la Donna ftudiaffe, l'Uom mefchino
Con la Connocchia fi vedrìa filare ;
E fe la Donna il fuo intelletto adopra,
L'Uomo ftara di fotto, ella di fopra.

FIN DU PREMIER ACTE.

ACTE II.

SCENE PREMIERE.

BÉATRICE & LELIO.

LELIO.

AH! Madame, vous me semblez une Vénus!

BÉATRICE.

Comme vous êtes à mes yeux un bel Adonis.

LELIO.

Si vous trouvez quelque chose de supportable dans mon air, le plaisir en est cause : c'est l'effet du reverbére de vos beaux yeux.

BÉATRICE.

Eh! non, Monsieur; votre beauté vous est propre : elle est originale.

LELIO.

Véritablement, vous donnez du prix, à tout ce qui vous est attaché.

BÉATRICE.

Expliquez-vous, je n'entends pas.

LELIO.

Jusqu'à votre aimable chambriere, qui participe de vos adorables qualités.

BÉATRICE.

Quoi! Rosaure vous plairoit!

LELIO.

Sans préjudicier à votre mérite, sans faire tort à la condition, elle ne me déplairoit pas.

BÉATRICE.

Voulez-vous que je la fasse venir?

LELIO.

Un tel desir ne convient pas en votre présence.

BÉATRICE.

Mais si elle vient, la verrez-vous avec plaisir?

LELIO.

Eh! pourquoi non?

BÉATRICE.

J'entends : vous êtes un Cavalier complaisant. Tout vous agrée, N'est-ce pas?

LELIO.

Jusqu'à un certain point. Du reste la noblesse de mes sentimens prend sa source dans la sublimité d'un rare mérite ; & je ne suis pas de ces sacrificateurs, qui portent leur hommage à une idole formée d'un vil métal.

BÉATRICE.

Je crois que vous sacrifiez par fois à quelqu'idole de

plâtre; car vous êtes un peu blême, & vous avez le teint d'une femme.

LELIO.

Ne badinez pas : je fais plus de cas de la pureté de mes affections, que de tout l'éclat de mes aïeux.

BÉATRICE.

Dieux! quelle comparaison!

LELIO.

Vous connoiffez l'ancienne nobleffe de ma maifon; jugez de-là avec quelle délicateffe, je dois régler la flamme de mes amours *.

BÉATRICE.

Si cela eft, vous ne brûlerez que pour une Héroïne.

LELIO.

Auffi eft-ce une Héroïne qui m'enflamme.

BÉATRICE.

Qui eft-elle ?

LELIO.

La voilà : c'eft vous-même.

BÉATRICE.

Moi? vous vous mocquez; & quelle action héroïque ai-je fait dans ma vie ?

LELIO.

Vous avez fubjugué mon cœur.

---

* Le jargon de Lelio, qui rend fi comiques toutes les Scènes où il paroît, ne procéde que de l'abus d'une politeffe outrée, dont l'affec-tation s'étend jufqu'à la tournure des phrafes les plus communes. Ce n'eft que fur la Scène, où l'on peut attaquer ce ridicule, fi ordinaire dans les perfonnes qui croient tromper les autres par des paroles emmiellées.

BÉATRICE.

Je ne me croyois pas capable d'un si beau fait.

LELIO.

Cela est cependant fait. Le cœur de Lelio qui avoit regardé jusqu'ici tous les objets terrestres comme indignes de ses adorations, trouve en vous l'assemblage de la beauté & de la vertu ; il trouve en vous l'aiman où se dirigent ses intentions, & le charme qui attire tous ses sens.

BÉATRICE.

Mon nom & mon bonheur seront enviés par tous les siecles futurs.

LELIO.

Ah ! Madame ! mettez l'or fin de mon hommage dans la coupelle de vos bontés, sur la flamme de mon amour, & vous verrez la pureté du métal.

BÉATRICE.

Signor Lelio, voulez-vous que nous nous amusions ?

LELIO.

Je dépens absolument de vos moindres desirs.

BÉATRICE.

E là ! Rosaure.

SCENE II.

ROSAURE, *les mêmes.*

ROSAURE.

Que veut ma maîtresse? Oh! que je la trouve en belle compagnie; car le Seigneur Lelio a la beauté dans les traits, les graces & la finesse dans les regards, l'affabilité sur toute sa personne (*bas à Béatrice....* & la folie dans le cerveau.)

BÉATRICE.

Elle me fait crever de rire. Allons, prépare le jeu.

ROSAURE.

Quel jeu, Madame?

BÉATRICE.

Celui qui plaira le plus au Seigneur Lelio.

LELIO.

Tout ce qui plaît à Madame, me plaira infiniment.

BÉATRICE.

C'est à vous de choisir.

LELIO.

Je m'étonne!

BÉATRICE.

Eh! bien! remettons-nous en à Rosaure; qu'elle choisisse elle-même un jeu : êtes-vous content?

LELIO.

Très-content.

ROSAURE.

Voulez-vous, Monsieur, un jeu digne de vos rares talens? Prenez les *Echecs*. Ce jeu fut inventé par Palaméde, pour amuser des guerriers fort ennuiés au Siége de Troie; mais prenez garde que Madame ne vous donne *échec & mat; matto Signore*. Voulez-vous jouer aux *Dés*? Ce jeu est noble: c'étoit l'amusement ordinaire des Corinthiens, l'occupation favorite de l'Empereur Domitien, de Henri Roi d'Angleterre. Si cela vous plaît, vous pouvez jouer *aux Dames*, jeu risquable, où les joueurs se laissent manger tous les pions, avant que d'acquérir une *Dame damée*. Mais, faites mieux : amusez-vous aux *Cartes*, jeu amusant, où le sort & le sçavoir ont une part égale. Si vous étiez trois, je vous verrois volontiers jouer à *l'Ombre*, jeu charmant, dû au génie Espagnol, & qui veut dire en Français le *jeu de l'Homme*. On y trouve en effet plusieurs allusions aux événemens de la vie humaine. Moi, qui me suis amusée de tout, j'ai composé un Sonnet Italien sur le Jeu de l'Ombre, permettez que je vous le recite en original; il ne déplaira pas à ceux qui entendent les finesses de la Langue.

    » Bella, quel sempre dir *passo, e ripasso,*

    » E mai *entrar,* mi pone in iscompiglio;

    » E'ver, che nel entrare evvi periglio;

    » Ma Almen si gioca, e s'ha diletto e spasso.

      » La prima volta che mi vienne *un asso,*

    » Disperato vo'fare un *cascariglio;*

    » E se volete poi dar mi *codiglio,*

    » Lo prenderò da voi senza fracasso.

D 4

» Fatemi *dir di più*, se lo bramate;
» Lo *farò solo*, e pagherò *gli Onori*.
» Basta che se *mi dò*, voi mi *prendiate*.

» Degli lasciatemi al meno *entrar agli ori*,
» Gia lo *riponerò* no dubitate;
» Mentre avete voi sempre i *matadori*.

LELIO.

Evviva, evviva!

BÉATRICE.

Tu es charmante, ma Rosaure!

ROSAURE.

Oh! vous ne sçavez pas encore tout ce qui est dans cette tête-là. Je vais vous servir & faire apporter la table & les cartes, vous jouerez au jeu qui vous fera le plus de plaisir. *Elle s'en va.*

SCENE III.

BÉATRICE, LELIO, *des* VALETS, *qui apportent une Table & des Cartes.*

BÉATRICE.

Amusons-nous à un jeu plus facile que tous ceux nommés par Rosaure. Jouons au Pharaon.

Ils s'assoient.

LELIO.

Vous trouverez toujours en moi une aveugle obéissance. (Fortune ingrate! je n'ai pas le sol!)

BÉATRICE.

Faites-moi le plaisir de tenir la banque.

LELIO.

Non, non, Madame; dispensez-m'en, je vous prie.

BÉATRICE.

Si prompt à me plaire; & déjà vous voulez que je vous dispense! (Je comprends qu'il est sans argent.)

LELIO.

Oh! ciel! moi tenir la banque contre une Dame, dans un jeu de hasard! Un autre seroit assez téméraire.... On connoît mon honnêteté : mais les gens malins.... Dispensez-moi, je vous prie.

BÉATRICE.

Je ne veux pas vous exposer à de grandes pertes; trois ou quatre écus suffiront.

LELIO.

(Elle va droit au cœur!) Avec une si petite somme, vous pourrez satisfaire à votre modération. Je vois votre esprit. Madame, tenez, je vous prie, je ponterai pour vous servir. Chacun de ces jettons vaudra un *demi Paolo*; êtes-vous contente?

BÉATRICE.

Comme vous voudrez. (*A part....* Si je pouvois au moins lui gagner sur parole, pour me mocquer de lui!)

LELIO.

Graces. (*A part....* O sort benin! comme ma prudence m'a tiré de ce mauvais pas!)

BÉATRICE.

Bon : marquez.....　　　　　　　*Ils jouent.*

LELIO.

Deux jettons au six.

BÉATRICE.

Six ; gagné.

LELIO.

Paroli au Deux.

BÉATRICE.

Deux, perd.

LELIO.

Patience : quatre jettons à l'As.

BÉATRICE.

As gagne.

LELIO.

Paroli au Huit.

BÉATRICE.

Huit, perd.

LELIO.

(Mon jeu va mal.)

S C E N E I V.

Les mêmes, OCTAVIO.

OCTAVIO.

VOILA ma femme au jeu, elle veut me ruiner !

LELIO.

Quatre jettons au Roi.

OCTAVIO.

Madame, avec la permission de Monsieur, quatre mots.

BÉATRICE, *à Lelio.*

C'est mon mari.

LELIO.

Votre mari ! Permettez que je lui rende les devoirs de mon respect officieux.   *Il se leve.*

OCTAVIO.

(Quelle idée a ce Monsieur ? c'est peut-être un maître de cabale ?)

LELIO.

Recevez, Monsieur, du plus profond de mon cœur les témoignages les plus vrais d'une amitié empressée, avec laquelle j'ai l'honneur de vous assûrer que je suis bien sincérement votre serviteur.

OCTAVIO.

(Si j'avois gagné au Loto, il me feroit bien rire!)

LELIO.

La bénignité d'un noble Gentilhomme, tel que vous, refuferoit-elle l'hommage de mes foumiffions ?

OCTAVIO.

Je vous révère infiniment : Madame, écoutez.

LELIO.

(*A part.* Ou mon éloquence le confond, ou c'eft une vraie fouche.)

BÉATRICE... (*à Lelio.*)

Ironiquement à fon mari.

Avec votre permiffion.... Que veut mon adorable maître & confort ?

OCTAVIO.

(La voilà, toujours avec le fiel fur les levres. Oh ! fi je gagne, nous verrons...) D'abord je vous dirai que votre jeu nous entraîne dans le précipice.

BÉATRICE.

C'eft plutôt votre maudite inclination pour la Loterie qui entraînera votre ruine & la mienne.

OCTAVIO.

J'avoue que jufqu'ici j'ai joué avec malheur : mais, graces au ciel, je fuis au moment de réparer mes pertes.

BÉATRICE.

Auriez-vous gagné ?

OCTAVIO.

Non : mais je fuis fûr.

BÉATRICE.

Vous vous bercez de votre espoir ordinaire...... Seigneur Lelio, pardonnez, je suis à vous.

OCTAVIO.

Je dis pour cette fois que je suis sûr. Mais je n'ai pas tout l'argent qu'exige mon jeu. Il me manque trois sequins : prêtez-les moi, si vous les avez ; ils nous profiteront bien.

BÉATRICE.

Où voulez-vous que je trouve trois sequins ? Etes-vous fou ? Qui me donne de l'argent ? Comment voulez-vous que je fasse ? vous m'écorcheriez pour un Paolo.

OCTAVIO.

Mais, ne jouez-vous pas ?

BÉATRICE.

Oui, sur parole.

OCTAVIO.

Est-ce que vous gagnez, ou perdez ?

BÉATRICE.

Jusqu'à présent j'ai gagné.

OCTAVIO.

Eh ! bien ! il vous paiera.

BÉATRICE.

Je n'ai pas un sol ; & celui qui joue avec moi, n'a pas une bayoque.... Seigneur Lelio, votre servante.

LELIO.

Vous me mortifiez.

OCTAVIO.

Faites-moi donc un plaisir : donnez-moi une bague, quelque nipe.

BÉATRICE.

Je veux vous donner le diable qui vous emporte. Songez à faire moins de dépense & à pourvoir votre maison.

OCTAVIO.

Je ferai tout ce que vous voudrez : mais, pour Dieu, ne m'enlevez pas ma fortune.

BÉATRICE.

Si vous êtes fou, je ne suis pas une folle. Il y a six ans que vous travaillez à notre perte avec ces belles espérances.

OCTAVIO.

Mais cette fois-ci, cela est sûr.

BÉATRICE.

Je ne vous donnerai rien.

OCTAVIO, *ému.*

Ne me mettez pas en colere.

BÉATRICE.

Pourquoi en colere ? Pourquoi me menacer, homme sans jugement ? Je ne scais qui me tient, & m'empêche de prendre un parti. Sortez d'ici : depuis six ans que je suis votre femme, vous avez perdu seize mille livres; & à présent vous voulez manger les quatre sols qui nous restent! J'atteste le ciel!

OCTAVIO.

Paix : six ans, seize mille livres, quatre sols ; 4. 6. 16.
Je veux jouer sur ce terne.　　　　*Il s'en va.*

SCENE V.

BÉATRICE, LELIO, & DIANE.

BÉATRICE.

IL me fait rire malgré moi.

LELIO.

Remettez-vous, Madame, appaisez vos esprits irrités.

BÉATRICE.

Excusez, de grace, mon impolitesse : mais il n'est pas en notre pouvoir d'arrêter le premier mouvement.

LELIO.

Vous étiez belle encore, au milieu des feux de la colere.

BÉATRICE.

Vous me flattez.

LELIO.

Je suis ingénu & sincere.

BÉATRICE.

Poursuivons, s'il vous plaît.

LELIO.

Soit. Six jettons à l'As.

BÉATRICE.

As, perd. Vous serez fortuné en amour.

LELIO.

Ah! Cupidon & sa mere le veuillent de même!

DIANE.

Ma chere Sœur, où est Rosaure.

BÉATRICE.

Elle sera dans ma chambre à coucher.

LELIO.

C'est-là votre très-digne Parente?

BÉATRICE.

Oui, Monsieur.

DIANE.

Pour vous obéir.

LELIO, *il se leve.*

Les liens qui vous attachent à Madame, m'obligent à vous déclarer l'excès de l'estime infinie, avec laquelle je vous honore très-révérentieusement.

DIANE.

Je vous rends graces, Monsieur; & je suis votre très-humble servante. (Il me paroît fou.)

BÉATRICE.

Voulez-vous que j'appelle Rosaure?

DIANE.

Vous me ferez plaisir.

BÉATRICE.

Ici, Rosaure?

SCENE VI.

SCENE VI.

ROSAURE, *les mêmes.*

ROSAURE.

ME voici à vos ordres.

BÉATRICE.

Diane veut te parler.

ROSAURE.

Un moment : comment va le jeu de Monsieur ?

LELIO.

Jusqu'à présent, la Fortune fait justice au mérite de Madame ; je perds.

ROSAURE.

(O Fortune ennemie ! tu peux le faire perdre ; mais payer, je t'en défie).... *A Diane.* Que demandez-vous ?

DIANE.

Je ne t'ai pas vu depuis... *Bas.* Voilà la Lettre ; comment faire pour la rendre ?

ROSAURE.

Donnez, & laissez faire à moi.

Pendant le reste de cette Scene, Béatrice & Lelio continuent le Jeu.

DIANE.

Tiens.

ROSAURE.

Peut-on la lire ?

E

D I A N E.

Je l'ai laissée ouverte exprès. Mais lis tout bas, que ma Belle-sœur n'entende pas.

R O S A U R E.

Quand on joue, on n'entendroit pas ronfler le canon. Lisons. *Mio bene.* Fi! vous avez copié cette Lettre dans quelque Roman.

D. I A N E.

Mais si je lui veux réellement du bien ?

R O S A U R E.

Quand nous voulons du bien aux hommes, il ne faut pas leur dire; autrement, nous risquons de tout perdre... *Votre longue absence me-prouve que vous ne m'aimez pas.* Encore mal dit : il ne faut pas tourmenter les hommes; ils se rebutent assez d'eux-mêmes, & nous plantent là... *Un jour vous me verrez mourir.* Cent fois pis. Il n'y en a point d'assez fou, pour croire qu'une femme veuille mourir pour lui. Sentez-vous l'affectation ? & puis vous perdez le crédit.

D I A N E.

Comment donc faire ?

R O S A U R E.

Laissez, que je vous dicterai une lettre de bon goût, & d'un style convenable.

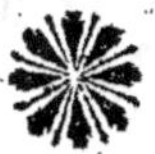

SCENE VII.

LE DOCTEUR, *les mêmes.*

LE DOCTEUR, (*du dedans.*)

Rosaure! es-tu là? peux-tu venir?

ROSAURE.

Uh! voici notre vieux frelon. S'il vous voit jouer, il ne cessera de murmurer pendant un an; donnez vîte, donnez; & prenez ce livre en échange... (*Elle prend les cartes & les jettons, tire tout dans son tablier, & donne un livre à Béatrice.*)

BÉATRICE.

Laisse. Et les jettons que je gagnois au signor Lelio?

LELIO.

Patience. Une autre fois nous recommencerons. (La Fortune me sert à propos.)

DIANE.

Que dira mon Pere, en me trouvant ici?

ROSAURE.

Laissez-moi faire.

LE DOCTEUR.

Ne suis-je pas de trop, puis-je entrer?

BÉATRICE.

Mon pere est le maître. (*à Lelio.*) Monsieur, ne bougez pas.

E 2

LE DOCTEUR.

Vous faites la converſation? A quoi s'amuſoit ma docte bru. (*Avec ironie.*) Ce livre eſt ſans doute la Galatée ou le Sigisbé inconſolable?

BÉATRICE.

Ni l'un, ni l'autre. Voyez le titre : c'eſt la *Philoſophie des Dames.*

LE DOCTEUR, *avec ironie.*

Peſte! elle m'édifie!

ROSAURE.

Monſieur, quand Roſaure eſt là, on ne s'entretient que de choſes ſérieuſes.

LE DOCTEUR.

Qu'eſt-ce que Diane fait ici?

ROSAURE.

Je l'y ai amenée pour l'amuſer un peu, pour la diſtraire de ſa mélancolie ordinaire. Elle écoute volontiers la lecture des bonnes choſes.

LE DOCTEUR.

Mais à quoi s'amuſoit ce Monſieur, pendant cette lecture?

ROSAURE.

Il nous expliquoit les paſſages les plus difficiles.

LE DOCTEUR.

Mais, je ſuis là, à portée pour cette interprétation.

ROSAURE.

Cela eſt vrai : mais ce Monſieur s'eſt trouvé par hafard. C'est un ami de votre fils, & la meilleure personne du monde. Il parle avec une modestie exemplaire : vous sçavez comme je suis délicate, & que je regarde de près à tous ceux qui fréquentent la maison.

LE DOCTEUR.

Dès que Rosaure l'assûre, je n'ai rien à répliquer.

ROSAURE.

Vous pouvez vous fier à moi : parlez-lui.

LE DOCTEUR, *à Lelio.*

Monsieur, je suis votre bon serviteur.

LELIO.

Vous me tenez un discours qui n'est pas fait pour moi. Vous êtes mon très-respecté & vénérable Patron.

LE DOCTEUR, *à Rosaure.*

Il s'énonce bien.

ROSAURE.

C'est un puits de Science.

LE DOCTEUR.

Rosaure, voudrois-tu me faire un plaisir ?

ROSAURE.

Commandez.

LE DOCTEUR.

Vas me faire préparer une limonade, j'ai une soif extrême.

ROSAURE.

Je vous sers sur le champ, & je vous l'apporterai à la glace. Les bons Médecins disent que la glace aide la digestion : elle irrite les fibres, qui servent à la trituration des alimens. Ces fibres plus tendues & plus fermes, font plus propres au mouvement ; la coction fe fait mieux, & la féparation du chyle s'opere plus vîte.

Elle s'en va.

SCENE VIII.

(Les Mêmes.)

LE DOCTEUR.

MESDAMES, je venois vous apprendre que mon fils Florinde eſt arrivé, & vous prier de le bien recevoir.

DIANE.

J'aime mon frere tendrement, & je defire l'embraſſer.

BÉATRICE.

J'aurai pour lui l'eſtime & l'amitié, qui lui font dues.

LELIO.

Je ferai l'admirateur de fa vertu & de fes talens, dont j'ai oui parler.

LE DOCTEUR.

Je vous fuis obligé. On dit que c'eſt un garçon d'efprit.

LELIO.

Un digne rejetton d'une fi belle fouche.

LE DOCTEUR.

Mille remercîmens de l'honneur que vous me faites.

DIANE.

Mon pere, permettez que je me retire.

LE DOCTEUR.

Pourquoi? Cela seroit beau; demeurez, vous dis-je.

DIANE.

J'obéis.

BÉATRICE.

Le voici qui vient.

SCENE IX.

FLORINDE, ISABELLE en *habit d'homme,* *les mêmes.*

FORINDE.

JE m'incline devant mon très-cher pere. Je salue ma belle-sœur, ma sœur & ce Monsieur que je ne connois pas : *omnes, omnes simul, & in solidum.*

LE DOCTEUR.

Diantre; il a de l'esprit : viens, mon fils, viens dans mes bras : tu es la consolation de ce pauvre vieillard. As-tu fait bon voyage? es-tu bien fatigué?

FLORINDE.

Véritablement, pour arriver plutôt, je n'ai pas dîné, & de-là, *faciunt mea crura Jacobum.*

LE DOCTEUR.

Il parle bien Latin.

E 4

BÉATRICE.

Beau-frere, je suis enchantée de vous voir arrivé bien portant, scavant & de belle humeur.

FLORINDE.

A la Cicéronienne; *mihi gratulor, tibi gaudeo.*

DIANE.

Mon cher frere, quel plaisir je ressens de vous voir revenu dans votre patrie !

FLORINDE.

J'en suis aussi très satisfait. *Dulcis amor patriæ, dulce videre suos.*

LELIO.

Monsieur, aux congratulations de la parenté, je joins mes félicitations sociales.

FLORINDE.

Fateor me tanto dignum honore non esse.

LELIO.

Il a bien étudié : c'est un grand homme. (*Au Docteur.*) Je m'en félicite avec vous; & je répéte que c'est un digne rejetton d'un si beau tronc.

FLORINDE.

Suivant le Proverbe, *derivata patris naturam verba sequuntur.*

LE DOCTEUR *en regardant Isabelle...*

Qui est ce jeune homme? Fais le donc avancer.

FLORINDE.

C'est un Légiste de mes amis; *amicus est alter ego.*

C'eſt pour cela que je n'ai pu me diſpenſer de l'amener : mais il reſtera peu de tems.

LE DOCTEUR.

Tant que tu voudras. Tu ſcais que je t'aime, & que je ne deſire que ce qui peut te faire plaiſir.

FLORINDE *à Iſabelle.*

Avancez, Signor Flaminio, mon pere deſire vous connoître. Il vous aimera autant que moi, puiſque *pater & filius cenſentur una & eadem perſona.*

ISABELLE.

(Ciel ! je tremble ! & je crains d'être découverte.)

LE DOCTEUR.

Faites-nous la faveur d'approcher. (Il eſt bien circonſpect.)

ISABELLE.

En me préſentant chez vous, je rougis d'y cauſer de l'embarras ; mais c'eſt la bonté du ſieur Florinde qui en eſt cauſe : qu'il ſe charge de mes excuſes ; je ne puis que vous assûrer de mon reſpect & de ma reconnoiſſance.

LE DOCTEUR.

Monſieur, ſans complimens ; j'ai du plaiſir à vous connoître. Uſez-en en liberté, comme ſi vous étiez dans votre maiſon.

DIANE, *en obſervant le faux Flaminio.*

(*A part.*) (Le beau jeune homme !)

FLORINDE.

Comment ſe porte mon frere Octavio ?

LE DOCTEUR.

Il est toujours ensorcelé de la Cabale, pour sa maudite Loterie.

FLORINDE.

Je desire le voir.

LE DOCTEUR.

Tu le verras ce soir à souper. Ecoute, mon fils. Toute la ville est prévenue de ton arrivée ; & on parle de toi diversement. Les amis disent que tu es un virtuose, les autres le nient. Je veux que demain, sans plus tarder, tu fasses mentir les méchans. Nous prendrons l'occasion des visites, pour former à l'improviste une petite Assemblée Académique, où tu montreras ton sçavoir & ton esprit : y consens-tu?

FLORINDE.

J'en suis très-content : je suis *paratus ad omnia.*

LE DOCTEUR.

Je dois encore te prévenir d'une chose, qui te fera plaisir. Nous avons dans cette maison une fille qui est un prodige. C'est vraiment une fille de grand sens, prête à tout : elle a toutes les sciences à la main, comme un Professeur de l'Université. Quand tu l'entendras, tu en seras émerveillé.

FLORINDE.

Vraiment, c'est une chose étonnante, de voir une femme si sçavante. *A part...* (Telle étoit ma chere Rosaure à Pavie. La pauvre fille ! comme je l'ai trompée !).....

LE DOCTEUR.

Je vais l'appeller : je veux que tu voies si je dis la vérité.

FLORINDE.

Allez, si cela vous fait plaisir.

LE DOCTEUR.

Mais elle est sage & modeste. Ne crois pas déjà.... ,
Suffit : nons nous entendons.

FLORINDE.

Rien de plus.

LE DOCTEUR, *à part.*

Florinde est un éveillé.... Rosaure..... Mais je la veux
pour moi.   *Il s'en va.*

SCENE X.

(*Les Mêmes.*)

ISABELLE, *bas à Florinde.*

CETTE fille si scavante me déplaît.

FLORINDE, *bas à Isabelle.*

(Voilà déjà que vous commencez à me tourmenter
avec votre jalousie.)

BÉATRICE.

Si vous le permettez, je me retire dans ma chambre.

FLORINDE.

A votre aise.

BÉATRICE.

A ce soir.

FLORINDE, *à Lelio.*

Seigneur Cavalier, pourquoi ne pas offrir le bras à Madame ?

LELIO.

Je crains de paffer pour trop hardi.

FLORINDE.

Eh! Monfieur! le grand monde penfe différemment. Allez, donnez la main; & vous, Madame, recevez fes fervices : le Platonifme eft partout à la mode. Aujourd'hui tout le monde eft de Paris.

LELIO.

Donc fi Madame le permet....

BÉATRICE.

Puifque mon frere l'approuve....

FLORINDE.

Non-feulement je l'approuve avec un *pro majori,* mais *ampliffimè atque folemniter.*

BÉATRICE.

Adieu, je vous falue.

LELIO.

Je vous fais ma révérence.

FLORINDE.

Salvete, Amici, falvete *.

LELIO.

Le digne écolier! (*Il part en donnant le bras à Béatrice.*)

___

* J'ai cru devoir laiffer fubfifter tous les paffages Latins des deux dernieres Scenes, parce qu'ils entrent dans le caractere du perfonnage, & font parrie effentielle de la Piece. Il faut en conclure que l'ufage de parler Latin étoit bien commun en Italie, puifqu'on ofe le prodiguer fur la Scene.

SCENE XI.

FLORINDE, DIANE, ISABELLE.

FLORINDE.

ET vous, cheré sœur, quand vous mariez-vous?

DIANE.

Oh! je dépends de mon papa.

FLORINDE.

Mais, si le papa le vouloit, vous obéiriez volontiers!...

DIANE.

Je le dois.

FLORINDE.

Rien que par obéissance? Eh! là, ne faites pas la petite bouche. Je vois à vos yeux que vous en avez envie. Vous êtes ma sœur, cela suffit.

DIANE.

Mon Frere, vous me faites rougir.

FLORINDE.

Dis-moi, ce jeune homme te plairoit-il?

DIANE *bas à Florinde...*

(Est-il libre?)

FLORINDE.

Oui.

DIANE.

(Mais, si par hasard je ne lui plaisois pas?)

FLORINDE.

Qui scait ? veux-tu que je lui en parle?

DIANE.

(Comme tu voudras, mon frere.)

FLORINDE.

Tu serois bien aise avec un tel mari !

DIANE, *à part.*

(Il est plus joli que le Seigneur Momolo. Je m'en vais, afin de lui donner occasion de glisser quelques mots.) Adieu, mon frere.

FLORINDE.

Pourquoi t'en aller si vîte ?

DIANE.

J'ai affaire. (Je me recommande à toi.) *A Isabelle....* Je vous salue, Monsieur.

ISABELLE.

Je vous offre mes soumissions.

DIANE.

(Que de graces!) *Elle s'en va en regardant Isabelle.*

SCENE XII.

FLORINDE, & ISABELLE.

ISABELLE.

QUE Diable faites-vous ? Etes-vous fou, de rendre cette pauvre petite, amoureuse de moi ?

FLORINDE.

Il faut bien que je m'amuse un peu.

ISABELLE.

Je voudrois que vous ne perdissiez pas le tems à ces miseres.

FLORINDE.

Voulez-vous que je pleure ?

ISABELLE.

Non : mais que vous songiez à vos affaires. Vous m'avez enlevée de Pavie, sans le consentement de mes parens, en me promettant de m'épouser, dès que nous serions arrivés à Bologne. Occupez-vous donc de cet objet.

FLORINDE.

Mais, un peu de patience : n'ayez pas si grande hâte.

ISABELLE.

Je connois votre humeur volage & légere : je n'ai pas de tems à perdre.

FLORINDE.

Nous en parlerons demain.

ISABELLE.

A la bonne heure. Mais faites-moi donner un appartement.

FLORINDE.

Vous ſcavez que je vous aime, & que je fais beaucoup de cas de votre famille : mais ne ſoyez donc pas ſi ſévere ; donnez-moi au moins un coup d'œil.

ISABELLE.

Eh! oui, oui? je vous connois.

FLORINDE.

Vous ſcavez que je ſuis la fidélité même.

ISABELLE.

Suffit. Nous le verrons.

SCENE XIII.

LE DOCTEUR, FLORINDE, ISABELLE *en habit d'homme,* ROSAURE.

LE DOCTEUR, *à Florinde.*

JE t'amene moi-même la perſonne dont je t'ai parlé. Où êtes-vous? Venez ici.

ROSAURE.

Me voilà, Monſieur.

FLORINDE, *en reconnoiſſant Roſaure.*

(Cieux! que vois-je!.)

ISABELLE.

ISABELLE, *à part.*

(Il semble qu'il la connoisse!)

ROSAURE, *au Docteur.*

C'est-là votre fils?

LE DOCTEUR.

Oui; que vous en semble?

ROSAURE, *à Florinde.*

Permettez, Monsieur, que j'aie l'honneur de vous assûrer de mes soumissions. (*Bas à Florinde.*) (Le sang
bout dans mes veines.)

FLORINDE, *à part.*

(Quelle rencontre inattendue!)

LE DOCTEUR, *à Florinde.*

Dis donc quelque chose; crains-tu qu'elle ne te ferme
la bouche?

FLORINDE, *à Rosaure.*

J'admire votre esprit; & j'avoue que vous me surprenez.

ROSAURE, *bas à Florinde.*

(Je le crois bien.) *haut......* Qu'il me soit permis,
Monsieur, de vous baiser la main.

FLORINDE, *à part.*

(Dans quel embarras je me trouve!)

LE DOCTEUR.

Laisse-la faire; reçois cette marque de son respect.

FLORINDE.

(Il faut dissimuler.) Tenez. (*Il lui donne la main.*)

F

ROSAURE, *bas à Florinde.*

(Te voilà donc affaffin !).... *Elle lui mord la main....*

FLORINDE, *en retirant fa main.*

Ahi !

LE DOCTEUR.

Qu'eſt-ce ?

FLORINDE.

Je vous demande pardon : c'eſt un corps.

LE DOCTEUR.

Fais-le couper.

ISABELLE, *bas au Docteur.*

(Comment s'appelle votre ſervante ?)

LE DOCTEUR.

Roſaure.

ISABELLE, *bas.*

Elle eſt de Pavie ?

LE DOCTEUR.

Oui.

ISABELLE, *à part.*

(C'eſt elle assûrément. Ah ! malheureuſe ! Je crains qu'elle ne me reconnoiſſe ! Je ſuis perdue !)

ROSAURE.

(Si je ne me trompe, je me rappelle cette phyſiono- mie.) (*Bas au Docteur.*) Qui eſt ce jeune Cavalier ?

LE DOCTEUR.

C'eſt un ami de mon fils.

ROSAURE.

(Bon : l'ami la donne belle !) *Sior Florindo*, excuſez

ma curiosité : ce Monsieur est de Pavie?

FLORINDE.

(C'est à présent que le tems se brouille.) Non : il est Milanois.

ROSAURE.

Il me sembloit l'avoir vu plusieurs fois à Pavie.

FLORINDE.

Cela se peut.

ROSAURE.

Il y a étudié?

FLORINDE.

Oui.

ROSAURE.

Est-il permis de demander son nom?

FLORINDE.

Flaminio.

ROSAURE.

Voyez, comme les traits se rencontrent ! Il ressemble parfaitement à une Demoiselle Isabelle, fille d'un Lecteur de l'Université de Pavie.

ISABELLE, *à part.*

(Oh! Dieu! je suis reconnue!)

FLORINDE.

(Nous sommes perdus!)

LE DOCTEUR.

Eh! bien! ce n'est pas une grande merveille, s'il se trouve parfois de ces sortes de ressemblances.

FLORINDE, *bas.*

(Rosaure, par pitié!)

ROSAURE, *bas.*

(Est-ce que tu en mérites, traître?)

FLORINDE, *à part.*

(Il faut l'appaiser.) *haut...* Mon pere, je vous prie de faire donner un appartement au Seigneur Flaminio. Pour moi, j'irai dans ma chambre ordinaire.

LE DOCTEUR.

Bien. Rosaure, appellez quelqu'un pour aider mon fils; & ensuite allez à votre chambre.

ROSAURE.

Oui, Monsieur.

LE DOCTEUR, *à Isabelle.*

Vous, Seigneur Flaminio, faites-moi l'honneur de venir avec moi.

ISABELLE.

Je vous obéis. (*Bas à Florinde.* Ah! Monsieur! apportez remede au mal qui se prépare!)

FLORINDE.

(Laissez-moi faire : ne craignez rien.)

LE DOCTEUR.

Rosaure, allez donc.

ROSAURE.

A l'instant. (Je ne veux pas m'en aller, sans reprocher à Florinde sa trahison.)   *Elle se retire.*

LE DOCTEUR.

Je ne voudrois pas... Suffit... J'y aurai les yeux.

Il s'en va avec Isabelle.

SCENE XIV

FLORINDE, ROSAURE.

FLORINDE.

COMMENT me conduire avec elle? Quel parti prendre? Elle ne fera plus la dupe des belles paroles.

ROSAURE.

Nous fommes feuls, Florinde. Je peux donc à mon gré, fcélérat, te reprocher ton manque de foi.

FLORINDE.

Dites-moi tout ce que vous voudrez : vous ne m'en direz jamais, autant que j'en mérite.

ROSAURE.

Voilà tes tournures ordinaires. Tu fais femblant d'avouer tes torts, lorfque tu m'en vois juftement courroucée.

FLORINDE.

Que voulez-vous que je faffe? Vous avez raifon : je le confeffe.

ROSAURE.

Si j'ai raifon, fais-moi donc juftice. Tu as juré de me prendre pour époufe : tiens donc ta promeffe.

FLORINDE,

Ayez patience : le tems viendra. Je n'ai pas oublié mes engagemens ; foyez difcrette, & je les tiendrai.

ROSAURE.

Non, non. Vous vous flattez en vain de me tromper,

comme par le paſſé. Je ne vous crois point, je vous connois. Il faut m'épouſer ſur le champ, ou je ſcaurai...

FLORINDE.

Que diable ? que je vous épouſe tout botté ?

ROSAURE.

Voici d'autres chanſons.

FLORINDE.

Mais, que voulez-vous que diſe mon pere ?

ROSAURE.

Votre pere l'approuvera, quand il ſcaura la nature de vos engagemens.

FLORINDE.

Donnez-moi au moins deux jours. (Si je peux gagner du tems....)

ROSAURE.

Deux jours ! Croyez-vous, menteur, ſcélérat, que je ne ſcache pas toutes vos menées ? J'ai reconnu Iſabelle malgré ſon déguiſement : mais je jure le ciel, que je ſcaurai me venger. Je publierai vos fourberies ; je vous ferai rougir : votre pere vous chaſſera de ſa maiſon ; vos parens vous détefteront ; vous ſerez la fable de Bologne ; je veux vous voir abymé.

FLORINDE.

(Elle eſt capable de le faire.) Eh ! ma chere Roſaure ! ayez pitié de moi !

ROSAURE.

Sa chere Roſaure !... Ingrat, que ta bouche ſacrilége ne profere pas mon nom !

FLORINDE.

Mais, si je suis prêt à vous épouser!

ROSAURE.

Me crois-tu si folle & si amoureuse, que je voulusse
te donner la main. Tu es dans l'erreur. J'épouserois
plutôt la mort.

FLORINDE, *bas.*

(Bon, le mal n'est pas si grand !)

ROSAURE.

J'ai feint pour éprouver ton mauvais cœur. Epouse
ton Isabelle; j'ai trouvé un mari.

FLORINDE.

Vous êtes mariée! (Le Ciel en soit loué !)

ROSAURE.

Mes noces se feront demain.

FLORINDE.

Et vous êtes venue vous marier dans ma maison!

ROSAURE.

Oui, pour ton tourment.

FLORINDE, *en affectant l'air tendre.*

Cruelle! sous mes yeux!

ROSAURE.

(Il ose encore se mocquer de moi!) Oui, sous tes
yeux; & j'ai choisi un époux qui te fera trembler.

FLORINDE.

C'est quelque soldat?

F 4

ROSAURE.

Non : ce n'est pas un soldat. Tu n'en seras pas moins étonné, quand je te le dirai.

FLORINDE.

Et qui est donc ce grand personnage?

ROSAURE.

Le Docteur; ton pere!

FLORINDE, *avec surprise.*

Comment! mon pere!....

ROSAURE.

Oui. N'ai-je pas dit que je te rendrois stupéfait ?

FLORINDE.

Et vous avez cette audace! Vous sçavez ce qui s'est passé entre moi & vous; & vous osez donner la main à mon pere?

ROSAURE.

Tu m'as enseigné, traître, à être aussi scélérate que toi. (Feignons pour l'inquiéter.)

FLORINDE.

Ah! je ne le souffrirai pas.

ROSAURE.

Eh! bien; si vous l'osez, découvrez vous-même le mystere. Prévenez le crime. Pour moi, je suis résolue de ne pas parler. Si votre pere me presse de lui donner la main, je l'épouse; si vous ne dites mot, je me tais. Pensez-y pour vous; j'y suis résolue de mon côté.

FLORINDE, *à part.*

(Quelle étrange maniere de se venger! Oui, oui; je la ferai chasser par mon pere, sans avouer ma faute.)

ROSAURE.

Que dites-vous à part-vous? Vous méditez sans dou-te quelque nouvelle fourberie?

FLORINDE.

Je m'étonne que vous aiez pu vous introduire dans notre maison, prévenir mon arrivée, & fasciner les yeux de mon pere.

ROSAURE.

Et moi, je m'étonne que vous ayez eu assez peu de foi, pour m'abandonner, me trahir, oublier tous vos sermens.

FLORINDE.

Rosaure, vous avez du jugement, ne m'obstinez pas; il vaudra beaucoup mieux pour vous....

ROSAURE.

Comment! tu me menaces encore? Indiscret, incivil; traiter ainsi celle qui t'a donné tant de preuves de son amour! Au moins, s'il avoit pitié de mon état; s'il me demandoit excuse. Mais, non : l'obstiné, le pervers me hait, se mocque de moi. Mais écoute, cruel; je scaurai me venger; je serai une furie pour te tourmen-ter. Non; je ne peux souffrir un tort si grand...

SCENE XV.

LE DOCTEUR, *les mêmes.*

ROSAURE.

(Bon ; voici son pere...) Non : un tort si grand ne peut se supporter. Je m'étonne de vous!

LE DOCTEUR.

Qu'y a-t-il? Pourquoi tout ce tapage?

FLORINDE, *à part.*

(Tout est découvert !)

ROSAURE.

Monsieur, je ne puis souffrir qu'on me nie la vérité en face. Votre fils a des maximes trop scolastiques. Il ne sçait dire, que *nego majorem, nego minorem.* Qu'est-ce que son *nego? Qui totum negat, nihil probat.* Il faut distinguer, *distingue textus, & concordabis jura,* disent les Légistes. Et puis, me dire, *nego suppositum?* Me donner un démenti; & je le souffrirois? Je le souffre, parce que je suis dans votre maison, parce que c'est votre fils; sans cela, il m'en auroit rendu raison. Mais paix : nous en viendrons aux prises. Je vous planterai une paire d'argumens *in barbara,* que vous ne sçaurez de quel côté vous tourner. Je sçais bien que je suis femme : mais j'en sçais plus que vous; &, d'après ce raisonnement in-promptu, vous pourrez juger, Seigneur Florinde, si je suis en état de trouver des *mezzi termini.*   *Elle s'en va.*

SCENE XVI.

LE DOCTEUR, FLORINDE.

LE DOCTEUR.

NE te l'avois-je pas dit, qu'elle te mettroit dans le sac ? Tu restois là comme un babion. Eh ! diantre, il faut être allerte, pour disputer avec elle.

FLORINDE.

Eh ! mon pere ! vous êtes dupe ; elle n'est pas ce que vous croyez. Vous paroît-il possible qu'une fille, & une jeune fille puisse acquérir tant de sçavoir, sans recourir à l'art magique ?

LE DOCTEUR.

Allons, donc ; es-tu fou ?

FLORINDE.

Mon pere, je vous dirai la vérité ; & si vous ne voulez pas me croire, vous aurez sujet de vous en repentir.

LE DOCTEUR.

Quand le vulgaire ignorant voit quelque chose d'extraordinaire, il dit tout de suite que c'est le diable qui l'a fait. Je ne donne pas dans de pareilles sottises. Rosaure est sage, Rosaure est vertueuse ; & Rosaure.... suffit... Je sçais ce que je dis.

FLORINDE.

Ce qu'elle m'a dit, seroit-il possible ?

LE DOCTEUR.

Et que t'a-t-elle dit?

FLORINDE.

Que vous vouliez l'épouser.

LE DOCTEUR.

Eh! peut-être que si.

FLORINDE.

Et vous feriez une pareille folie?

LE DOCTEUR.

Ouais!... Quelle est cette maniere de parler? Serois-tu venu de Pavie, pour faire le pédant avec ton pere? je veux faire ce que bon me semble, ce qui me plaît; je suis le maître.

FLORINDE.

Mais ne voyez-vous pas, que votre amour est un effet des sorcelleries de cette enchanteresse?

LE DOCTEUR.

Eh! pauvre sot! C'est plutôt un effet des bonnes manieres, du bon esprit & des graces de cette jeune fille. Suffit que ce mariage ne portera préjudice ni à vous, ni à votre frere. J'ai bien disposé les choses : mais aiez du jugement; & ne faites pas le Docteur. Demain préparez-vous à recevoir compagnie, & à faire briller vos talens, si vous en avez; & ne faites pas dire, *Parturient montes, nascetur ridiculus Mus.*   *Il s'en va.*

SCENE XVII.

FLORINDE, BRIGUELLE, & ARLEQUIN.

FLORINDE.

AH! voilà un coup imprévu! quel démon a pu inspirer à Rosaure de venir à Bologne, pour s'introduire ici?

BRIGUELLE.

Soyez le bien venu, *Signor Padron.*

ARLEQUIN.

Bén ritornado, Signor Poltron.

FLORINDE.

Bon jour. (Par quelle fatalité a-t-elle pu concevoir un dessein si hardi?)

BRIGUELLE.

Avez-vous fait bon voyage?

ARLEQUIN.

Ne m'apportez-vous rien?

FLORINDE.

(Et puis, ce qu'il y a de pis, avoir rendu mon pere amoureux! Vouloir l'épouser! Oh! méchante femme!)

BRIGUELLE.

Voulez-vous aller vous reposer?

ARLEQUIN.

Voulez-vous que nous allions manger un morceau

FLORINDE.

(Mais non : l'honnêteté d'un fils ne doit pas le souffrir ; il faut tout révéler, tout publier.)

BRIGUELLE.

Vous paroissez beaucoup altéré.

ARLEQUIN.

Il me paroît que vous avez peu d'argent ?

FLORINDE.

(Mais, que faire d'Isabelle ? Faudra-t-il tout décou-
vrir ? Dois-je la renvoyer ? dois-je l'épouser ?)

BRIGUELLE.

Il a martel en tête.

ARLEQUIN.

Il est fou, en conscience.

FLORINDE.

(Non, non ; Isabelle, vous serez ma femme. Elle est
d'un sang noble ; & je ne dois point la trahir.)

BRIGUELLE.

Qu'est-il donc arrivé ?

ARLEQUIN.

Est-il blanc, ou noir ?

FLORINDE.

(Mais, si je découvre l'engagement antérieur avec
Rosaure, je serai forcé de le tenir !)

BRIGUELLE.

Il me fait compassion !

ARLEQUIN.

Il me fait rire !

FLORINDE.

(O Jupiter !)

BRIGUELLE.

O Vénus !

ARLEQUIN.

O Bacchus !

FLORINDE.

(Suggérez un expédient à mon cœur !)

BRIGUELLE.

Soccorri sto pover Signor.

ARLEQUIN.

Rendez-lui le jugement !

FLORINDE.

(Ah ! il n'y a plus de remede.)

BRIGUELLE.

Oime !

ARLEQUIN.

Il est vrai que celui qui naît fou, ne change jamais.

FLORINDE.

Briguelle?

BRIGUELLE.

Monsior ?

FLORINDE.

Arlequin?

ARLEQUIN.

Me voilà.

FLORINDE.

Assistez-moi. J'ai besoin de vous, venez ici ; & donnez-moi chacun la main, en signe de votre foi.

BRIGUELLE.

La voilà... (*Ils lui donnent la main.*)

FLORINDE.

Non.... (*Il leur fait faire une demi-volte, & ils s'en vont tout étonnés.*) Non : je n'ai pas befoin de vous. Je me fuffirai feul; je me réglerai fur les circonftances. La nuit eft, dit-on, bonne confeillere; demain je me réfoudrai. Arrive ce qui pourra, pourvu que mon pere n'acheve point ce malheureux mariage. N'épargnons rien, ni peine, ni danger.

Il s'en va.

FIN DU SECOND ACTE.

ACTE III.

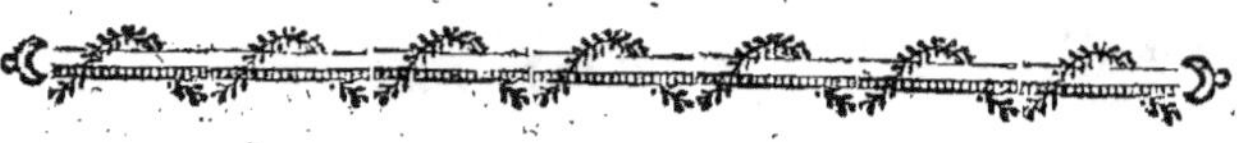

ACTE III.

SCENE PREMIERE.

BRIGUELLE, ... *puis* OCTAVIO.

BRIGUELLE.

NON : je n'y crois plus. Maudits soient la cabale &
mon peu de jugement : j'ai risqué un pauvre écu ; & il
est perdu. Pas un seul de tous les Numéros que mon
fou de maître avoit choisi, n'est sorti. Voyez : en trois
billets, pas un bon. Maudite soit la fantaisie qui m'a
pris de jouer ! Misérables billets ! *Ande in malora !* (*Il
jette les billets par terre.*) Mais... que je suis bête !

OCTAVIO.

O ignorant, ignorantissime !

BRIGUELLE.

Qu'est-ce, *Sior Padron ?* Vous nous l'avez donnée
belle !

OCTAVIO.

Nous l'avions belle en effet ; le terne étoit sûr : la cabale l'avoit indiqué ; & je n'ai pu le deviner !

BRIGUELLE.

Comment cela ?

G

OCTAVIO.

Ecoute, fi c'est vrai... O maudite Fortune! mais, dois-je me plaindre du fort, puifque mon ignorance feule en eft caufe?,... N'eft-il pas forti, le 16, le 36 & le 38?

BRIGUELLE.

Certainement.

OCTAVIO.

Juge à préfent, fi la cabale pouvoit parler plus claire-ment. *Uniffez quatre fois huit, & partagez le produit.* 4 fois 8 font 32 : la moitié eft 16; & je ne l'ai pas joué! O bête que je fuis! Ane! Mais écoute le pis. *Mettez def-fous le 4, le 5 & le 6* : je les ai mis fous le 16; & je devois les pofer fous le 32. 32 & 4 font 36; & 32 & 6 font 38. Voilà le terne; 16.—36--.38. N'eft-ce pas là le terne?

BRIGUELLE.

Sûr, que c'eft le terne : mais pourquoi n'avoir pas joué ces Numéros?

OCTAVIO.

Parce que le Diable jaloux, m'avoit aveuglé. J'avois peu d'argent; j'ai eu peu de tems pour étudier : mais cette fois-ci, je jure que je veux m'appliquer huit jours de fuite au calcul de la cabale. O bienheureufe ca-bale! vous êtes un tréfor, une fcience prétieufe! C'eft moi, qui fuis la bête; je fuis un ignorant : mais ft'au-tre fois, ft'autre fois!

BRIGUELLE.

(St'autre fois ne me tente pas.)

OCTAVIO.

Mais, apprends encore une autre fatalité. Rofaure m'a-voit donné le 16 ; & je ne l'ai pas connu! Elle avoit rêvé qu'elle étoit sur un mont haut, haut, haut. Moi, j'ai interprété cette élévation par le 90, qui est le dernier Numéro, le plus élevé, & je n'ai pas regardé sur la liste, que le 16 étoit sous le nom d'*Aurore*, & que l'Aurore est aussi haute que le Soleil. Ce malheureux Seize, ma diablesse de femme me l'avoit aussi donné; mais je n'avois plus d'argent pour jouer. Si ma femme m'avoit prêté les trois sequins que je lui demandois; qui scait? J'aurois peut-être gagné? & voilà comme les femmes sont la ruine & la perte des hommes.

BRIGUELLE.

(Il est plus fou que jamais.)

OCTAVIO.

Que vois-je là par terre? Oh! trois billets! Quelqu'un les a jettés comme inutiles. Je veux en remettre les Numéros, & jouer st'autrefois; qui scait si ce n'est pas une bonne fortune, qui me les fait trouver pour quelque chose?

BRIGUELLE.

(Bon! mes billets vont l'enrichir!)

OCTAVIO.

Cent fois pour la Loterie, & une seule fois pour moi! Si j'y arrive! Mais j'étudierai tant la cabale, que j'y viendrai sûrement; & puis Rosaure m'aidera.

BRIGUELLE.

Mon cher maître, n'allez-vous pas voir votre frere Florinde? Que voulez-vous qu'il dise? Hier soir, à peine l'avez-vous vû. Allez le trouver dans sa chambre, & faites-lui amitié : c'est un jeune homme qui le mérite.

OCTAVIO.

J'ai en tête des chofes plus importantes que mon frere. Si j'avois gagné, je fcais ce que j'aurois fait. A préfent, je ne me foucie pas feulement de moi-même.

BRIGUELLE.

Il faut au moins le voir par convenance.

OCTAVIO.

Il fera encore au lit.

BRIGUELLE.

Il s'eft levé de bon matin : il a un poids qui l'empê-che de dormir. Il eft dans la chambre d'audience, où il attend les vifites; voyez-le au moins, pour faire plai-fir à votre pere.

OCTAVIO.

Oui, oui; j'irai à caufe de cela. J'ai befoin que mon pere m'aide, pour réparer mes pertes au prochain ti-rage.... *Il s'en va.*

SCENE II.

BRIGUELLE, *puis* ARLEQUIN.

BRIGUELLE.

Qu'il s'y enfile tant qu'il voudra; pour moi je ne le crois plus. Je ne dis pas de ne pas jouer, parce que jouer eft d'un fou; & ne pas jouer eft d'un fot. Mais je veux quelque chofe de plus certain que la cabale.

Or ça, il faut se préparer pour st'Assemblée Académique. Oh! eh! Arlequin, Arlequin, où es-tu?

ARLEQUIN.

Est-ce toi qui m'appelles?

BRIGUELLE.

Oui; c'est moi.

ARLEQUIN.

Eh! bien! tu es un sot, en trois lettres.

BRIGUELLE.

Pourquoi un sot?

ARLEQUIN.

Parce que quand un galant homme mange, on ne le dérange pas de ses repas.

BRIGUELLE.

Tu fais un repas à l'heure qu'il est!

ARLEQUIN.

Je ne scais pas l'heure; je me régle sur l'horloge de l'appétit.

BRIGUELLE.

Allons; il faut me donner un coup de main, porter les tables, ranger les sieges, faire quelque chose.

ARLEQUIN.

Moi! sauf tes bonnes graces, je ne fais rien.

BRIGUELLE.

Pourquoi ne veux-tu rien faire?

ARLEQUIN.

Parce que ce n'est pas ma volonté.

G 3

BRIGUELLE.

Je te la ferai bien venir. Allons vîte, la main à l'œuvre.

ARLEQUIN.

Briguelle, tu as du jugement; ne me perds pas le respect.

BRIGUELLE.

Pardonnez, mon Gentilhomme; une autre fois je ferai mon devoir. *Trui, va là* *

ARLEQUIN.

A mi, trui va là? A mi? Sangue de mi....
(*Il met son épée de bois à la main.*)

BRIGUELLE.

Oh! là; Oh! là, la main dans tes poches, sinon je te plote comme plâtre.

SCENE III.

ROSAURE, *les mêmes.*

ROSAURE.

EH! là; eh! là.

BRIGUELLE.

Je m'arrête en faveur de Rosaure.

ARLEQUIN.

Tu peux lui rendre graces; du reste....

* Termes dont on se sert pour faire avancer les chevaux.

R O S A U R E.

N'avez-vous point de honte? vous autres, qui êtes dans la même maison, qui devriez vous aimer comme des freres.

B R I G U E L L E.

C'est vrai, vous parlez bien; c'est lui, c'est lui qui n'a pas de cervelle.

A R L E Q U I N.

L'è lù, che l'è un ignorante.

R O S A U R E.

Paix : soyez tolérans ; compâtiffez-vous l'un l'autre : vous, Briguelle, qui avez plus de jugement, fupportez fa fimplicité. Allez préparer les rafraîchiffemens ; enfuite apportez dans cette falle, tout ce que commandera le Patron.

B R I G U E L L E, *bas à Rofaure.*

Comment vont les affaires avec le fieur Florindo ? Puis-je efpérer quelque chofe de votre amour ?

R O S A U R E, *bas à Briguelle.*

Tu peux efpérer beaucoup, fi tu me continues ton amitié.

B R I G U E L L E, *bas à Rofaure.*

Oh ! plût à Dieu !... Bon jour, ma chere. *Il s'en va.*

R O S A U R E, *bas & d'un ton mignard.*

(*Addio*, mon petit Briguelle.)

A R L E Q U I N.

Je t'ai attendue toute la nuit.

G 4

ROSAURE.

Par quelle raison?

ARLEQUIN.

Tu as donc oublié cette femoille dorée, ces cercles dans le chaudron, ce repas d'Empereur.

ROSAURE.

Ah! fi; je m'en fouviens bien : mais l'arrivée de ces étrangers m'a empêchée de venir te trouver. Une autre fois...

ARLEQUIN.

Je t'attendrai ce foir.

ROSAURE.

Sans autre délai.

ARLEQUIN.

Le ciel l'a envoiée pour la confolation de mon ventre. *Il s'en va.*

SCENE IV.

ROSAURE.... *puis* LE DOCTEUR.

ROSAURE.

Il faut que je me conferve leur amitié. Je ne fcais ce qui peut m'arriver, & de qui j'aurai befoin : mais voici le Patron. Frappons les derniers coups. Je ne l'épouferois pas pour tout l'or du monde ; mais je dois le feindre pour le fupplice de mon cruel Florinde.

LE DOCTEUR.

Il m'a semblé qu'Arlequin & Briguelle se querelloient ensemble. Je n'ai pas voulu venir, crainte de me fâcher ; qu'étoit-ce donc ? dis-le moi, ma chere Rosaure.

ROSAURE.

Oh ! rien, Monsieur, rien ; une petite querelle que j'ai accommodée.

LE DOCTEUR.

Grand inconvénient d'avoir toujours à se fâcher contre la valetaille.

ROSAURE.

Platon dit vrai : *nihil servorum generi credendum ; quot enim servi, tot hostes.* Pour vous, vous n'avez pas de quoi vous en plaindre : vous avez de bons domestiques ; & s'ils étoient méchans, vous les rendriez bons malgré eux, par vos bons traitemens, & en observant le précepte de Sénéque, *sic cum inferiore vivas, ut tecum superiorem velis vivere.* Le plus souvent le désordre des maisons vient, partie des serviteurs, partie des maîtres ; comme le dit l'esclave Strophile dans l'Aululaire de Plaute. *Les maîtres en usent mal avec les valets, & ceux-ci désobéissent aux maîtres : ainsi ni les uns, ni les autres ne font leur devoir...* Pour moi je vous serai toujours soumise & fidelle, toujours prête à donner ma vie pour vous, comme le fit la sage & fidelle Erminie, dans la Sophonisbe du Trissin.

LE DOCTEUR.

Ah ! je ne puis me contenir ! Viens ici, ma chere Rosaure : si jusqu'à présent je ne t'ai donné qu'un espoir assez léger, actuellement je me déclare, & je t'assûre ouvertement que tu seras mon épouse.

ROSAURE.

Comment, Monsieur! une pauvre fille!

LE DOCTEUR.

Je le veux. Rien de plus... Donne-moi la main.

ROSAURE.

Vous me surprenez! Un mariage clandestin! Passer devant l'Eglise!

LE DOCTEUR.

Je n'entends pas t'épouser à présent, mais seulement t'engager ma foi, & recevoir la tienne.

ROSAURE.

Per verba de futuro.

LE DOCTEUR.

Précisément. On vient : donne la main, dépêche-toi.

ROSAURE.

La voilà.

LE DOCTEUR.

Je promets d'être ton mari.

ROSAURE.

Et moi, votre femme.

LE DOCTEUR.

Cela suffit : adieu, ma bien aimée. Je rejoins mon fils; ressouviens-toi de venir à l'Assemblée Académique, & d'y faire briller tous tes talens.

ROSAURE.

J'irai pour vous obéir.

LE DOCTEUR.

(C'est-à-présent que je suis véritablement heureux.)
Il s'en va.

SCENE V.

ROSAURE, & MOMOLO.

ROSAURE, *seule.*

CETTE promesse mutuelle est invalide, puisque j'ai déjà engagé ma foi à Florinde; mais je suis forcée à ce détour pour venir à mes fins. Le Docteur excusera cette petite tromperie qui ne peut lui porter aucun préjudice.

MOMOLO.

Siora Rosaura, je suis votre humble serviteur.

ROSAURE.

Servante, *Signor Momoletto.*

MOMOLO.

Toute la nuit je n'ai songé qu'à vous.

ROSAURE.

Et moi j'ai dormi très-profondément.

MOMOLO.

Celui qui a le cœur blessé, ne peut dormir.

ROSAURE.

Prenez cette Lettre ; elle donnera du foulagement à vos bleſſures.

MOMOLO.

De qui eſt cette Lettre ?

ROSAURE.

De la Signora Diana.

MOMOLO.

Ne ſcavez-vous pas ce que je vous ai dit, belle Roſaure ? l'avez-vous oublié ?

ROSAURE.

Qu'avez-vous dit ?

MOMOLO.

Que c'eſt votre poſſeſſion ſeule que je deſire.

ROSAURE.

Allez : vous n'y penſez pas.

MOMOLO.

Comment ? Vous me manquez de parole !*

ROSAURE.

St. Voici du monde. N'êtes-vous pas venu pour voir le ſignor Florindo ?

MOMOLO.

Oui : mais je voudrois... Ma chere Roſaure, ne me trompez pas.

---

* Il y a dans le texte, *me voltè le carte in man ?* Vous me tournez les cartes dans la main ; expreſſion proverbiale, qui ſignifie *manquer de parole.*

ROSAURE.

Allez voir Florinde, il est dans cet appartement; allez, nous parlerons ensuite.

MOMOLO.

Si vous vous mocquez de moi, je me fiche un *Cent-vingt* * dans la poitrine.   *Il s'en va.*

ROSAURE.

Fichez-vous ma foi ce que vous voudrez : je n'y pense seulement pas. A présent je vais me préparer pour l'Académie, ou plutôt pour la plus hardie & la plus périlleuse épreuve. Je devrois craindre en qualité de fille timide, de heurter de front mes ennemis, & de leur tenir tête : mais je me fie dans l'assistance du ciel. Ce n'est pas toujours le sçavoir qui triomphe : mais souvent la maniere de faire valoir son talent & ses moyens... *Elle sort.*

---

* Sorte de Poignard ou de Stylet, marqué au Numéro 120.

SCENE VI.

BRIGUELLE *fait arranger une Table & des Siéges pour l'Assemblée.* ARLEQUIN *croyant qu'on va dresser un repas, se cache sous le tapis de la Table.*

FLORINDE, BÉATRICE, OCTAVIO, DIANE, LELIO, ISABELLE, *sous le nom de Flaminio,* LE DOCTEUR, MOMOLO.

LELIO, *à Florinde.*

VOUS allez donc enchanter nos oreilles par le son harmonieux de vos chants & de votre voix mélodieuse.

FLORINDE.

Pour complaire à mon pere, je vous donnerai l'ennui des foibles productions de ma verve, espérant, avec votre indulgence, la grace d'entendre aussi quelque chose de vous.

LELIO.

Moi! je me prosternerai aux pieds d'Apollon, en le priant de m'arroser de l'onde Aganippide, pour faire revivre mon enthousiasme, & repululler l'aridité de ma veine poétique.

MOMOLO, *à Florinde.*

Caro Compare, il y a tant de tems que nous ne nous sommes vus, que je n'imaginois pas que la premiere fois nous nous salurions en vers. J'admirerai les productions de votre esprit; & je dirai pour mon compte quelques couplets, si on m'en donne la licence.

LE DOCTEUR.

Vous nous ferez plaisir. Allons : chacun à son poste.

FLORINDE.

Ma chere Belle-sœur voudra bien se placer ici; & ma sœur de ce côté.

Il se met entre les deux Dames.

LELIO *à Béatrice.*

Madame, j'aurai l'honneur de soutenir humblement sur mes genoux, une partie de cette enceinte, qui vous garantit des approches téméraires.

Il s'asseoit auprès de Béatrice, & se pose sous sa gar-
dinfante ou son panier.

BÉATRICE.

J'espere que le poids de cette machine ne vous estro-
piera pas.

LELIO, *à part.*

(Comme elle est piquante!)

MOMOLO.

La Siora Diana me permet-elle d'être à ses côtés?

DIANE.

Vous êtes le maître. (*Bas en observant Isabelle...* Je serois bien plus volontiers auprés de cet étranger.)

LE DOCTEUR.

Le signor Flaminio se placera à son gré.

ISABELLE.

Je vous obéis...   *Il se met près de Lelio.*

LE DOCTEUR.

Et moi, je me placerai près de lui. Octavio, qu'attends-tu pour prendre place?

OCTAVIO.

Oh! moi! je m'accommode de tout. (1. 2. 3. 4. 5. 6. 7. 8. & Briguelle 9... Je veux jouer le 9.)

Il se met près Momolo.

FLORINDE.

Messieurs...

LE DOCTEUR.

Attends un peu. Où est Rosaure? Briguelle, fais-la venir.

FLORINDE.

Comment! dans une Assemblée aussi honnête & aussi choisie, vouloir admettre une vile servante!

LE DOCTEUR.

Quelle servante! c'est une fille de grand sens, qui mérite la premiere place.

FLORINDE.

Je le nie; & si vous persistez à la faire entrer, je me retire avec la permission de la Compagnie.

LE DOCTEUR.

Tu ferois une mauvaise action; ce seroit une insolence & un manque de respect pour ton pere, qui sçauroit t'en punir.

FLORINDE.

Qu'en dites-vous, Messieurs? Ne seroit-ce pas une chose indécente, d'admettre parmi nous une simple servante? Dites votre sentiment, je vous en prie.

BÉATRICE.

BÉATRICE.

Pour moi, je dis que Rosaure est digne de la conversation des plus honnêtes gens, & qu'elle mérite d'être
admise dans les compagnies les plus respectables.

DIANE.

Je l'aime, & je l'estime comme ma propre sœur.

LELIO.

Rosaure mérite, à mon avis, d'avoir place parmi les
neuf Muses, les trois Graces, & les trois Déesses qui
se disputoient la Pomme d'or.

MOMOLO.

Moi! non-seulement je l'admettrois avec moi dans
cette Académie, mais à ma propre table, & partout
ailleurs....

DIANE, *bas à Momolo.*

(*Bravo, signor Momolo.*)

MOMOLO, *bas à Diane.*

(Jeu poétique!)

OCTAVIO, *à Florinde.*

Quelle chicane! Pensez à vous, mon cher frere. Rosaure est une fille de mérite, qui peut prétendre à tout.

LE DOCTEUR.

Tu l'entends à ta confusion : tout le monde l'approuve ; Briguelle, fais-la venir.

BRIGUELLE.

Je vous obéis sur le champ. Il ne m'appartient pas de
parler : mais je crois que Rosaure est une fille de mé-

H

rite & de grand sens. *Il s'en va.*

ARLEQUIN, *sortant de dessous la Table, & soulevant le tapis.*

Sior sì; c'est aussi mon avis; & je pense de même.

LE DOCTEUR.

Vas, drôle; que fais-tu là?

FLORINDE, *à part.*

(Comment en si peu de temps, a-t-elle pu s'acquérir l'amour des uns, l'amitié des autres, & la prévention de tous en sa faveur?)

ISABELLE, *à part.*

(Que je crains sa présence!)

FLORINDE.

Puisque c'est le desir de tout le monde, j'y accéde; elle peut venir. (*A part.* Il faut dissimuler.)

SCENE VII.

ROSAURE, *les mêmes.*

ROSAURE.

HONORÉE d'une faveur inattendue & non méritée, vous m'en voyez confuse, Messieurs; ma rougeur annonce assez mes sentimens : soyez certains que je n'abuserai jamais, de votre généreuse prévention. Je me connois trop bien moi-même, pour croire mériter ce que vous m'accordez par bonté.

LE DOCTEUR.

Peut-on mieux parler?

OCTAVIO, *à Rosaure.*

Venez près de moi.

ROSAURE.

Volontiers, avec la permission....

Elle s'asseoit près d'Octavio.

OCTAVIO, *bas à Rosaure.*

Savez-vous? Le terne de la Cabale est sorti; & je n'ai pas eu l'esprit de le deviner.

ROSAURE, *bas.*

(Une autre fois.)

OCTAVIO, *bas.*

(Scavez-vous aussi que c'est le 16 que vous m'aviez donné?)

ROSAURE, *bas.*

(Oh! j'ai toujours un numéro sûr dans ma main.)

OCTAVIO.

(Au prochain tirage nous verrons.)

FLORINDE.

Je ne pense pas, Messieurs, que l'intention de l'honorable Compagnie soit que l'amusement que nous desirons prendre aujourd'hui, roule sur des objets trop sérieux. Je débuterai par un Sonnet.

ROSAURE.

Un Sonnet ne suffit pas pour décider de la vertu & du mérite d'un homme docte. Si vous me le permet-

H 2

tez, je vous fournirai le sujet d'une These propre à vous faire honneur.

FLORINDE, *à part.*

(Elle veut m'embarrasser.)

LE DOCTEUR, *à Rosaure.*

Mon fils est prêt à tout : exposez votre proposition, il y répondra.

ROSAURE.

Le *signor Florindo* permet-il que je choisisse une question de droit ?

FLORINDE.

Comme il vous plaira; ayant soutenu avec honneur mes exercices publics à l'Université de Pavie, il me sera plus facile de répondre à vos argumens.

ROSAURE.

Ecoutez donc. (*Elle se leve de dessus son siége.*) Et pour que la question soit plus facilement entendue des Dames, j'entremêlerai au texte latin quelques explications en langage ordinaire : voici mon argument : Celui qui a promis la foi d'époux à une fille libre, est obligé de l'épouser : *ita habetur ex toto titulo de Nuptiis.* Titius a fait une promesse de mariage à Lucrece; *ergo* Titius doit épouser Lucrece.

FLORINDE.

(*A part.* Je vois sa ruse : mais il faut dissimuler.) *Haut.* Celui qui a fait une promesse de mariage à une fille libre, est obligé de l'épouser, *nego majorem. Sed* Titius a promis d'épouser Lucrece, *transeat minor.* Donc Titius doit épouser Lucrece, *nego consequentiam.*

ROSAURE.

Probo majorem. Le consentement des parties, & non le concubinage, fait l'essence du mariage... *Lege nuptias, Digestis de regulis juris.* Sed sic est, que Titius a donné son consentement dans la promesse faite à Lucrece. *Ergo* Titius doit épouser Lucrece.

FLORINDE.

Le consentement des parties fait l'essence du mariage, *distinguo majorem.* Le consentement solemnel & légal, *concedo;* le consentement verbal, *nego.*

ROSAURE.

Contra distinctionem. Le simple consentement verbal suffit pour constituer les épousailles : *Lege quartâ, Digestis de sponsalibus. Ergo* Titius doit épouser Lucrece.

FLORINDE.

Le simple consentement verbal suffit pour constituer les épousailles, *distinguo :* les épousailles *de futuro,* concedo ; *de præsenti, nego.*

ROSAURE.

Contra distinctionem. Il n'importe que la promesse soit par écrit ou non, pourvu qu'il conste, du consentement de l'homme & de la femme; *Lege in sponsalibus, Digestis de sponsalibus. Ergo* Titius doit épouser Lucrece.

FLORINDE.

Il n'importe que la promesse soit écrite ou non, pourvu qu'il conste, du consentement de l'homme & de la femme, *distinguo majorem.* Pour constituer les fiançailles, *concedo ;* pour former le mariage, *nego.*

ROSAURE,

Ex concessis, la promesse verbale oblige Titius à fian-cer Lucrèce. *Sed sic est*, que la fiancée *de præsenti*, est appellée femme par la Loi ; *ergo* Lucrece est qualifiée femme ; *ergo* Titius doit épouser Lucrece.

FLORINDE

(*A part.* Je me suis enferré moi-même.) *Haut.* La promesse verbale oblige Titius à fiancer Lucrece, *distinguo majorem* ; à la fiancer *de futuro, concedo* ; or la fiancée *de præsenti*, est appellée femme par la Loi, *concedo minorem* ; donc Lucrece est qualifiée femme ; *nego consequentiam.*

ROSAURE,

Contra distinctionem majoris, probo consequentiam. La promesse verbale oblige *de præsenti*, lorsqu'elle est mutuelle & réciproque entre l'homme & la femme : *sed sic est*, qu'entre Titius & Lucrece la promesse est mutuelle & réciproque ; *ergo* Titius doit épouser Lucrece.

FLORINDE.

(*A part.* Je ne scais que répondre.) *Haut.* La pro-messe verbale mutuelle & réciproque oblige *de præ-senti....*

LE DOCTEUR *se leve.*

Arrêtez ; cela suffit. Je vois où tend l'argument de cette fille sage & accorte. Il est vrai que tout hom-me d'honneur doit maintenir ce qu'il a promis, & surtout en matiere de mariage : Rosaure, je vous ai bien compris. Votre Thèse Légale feroit ma condamnation personnelle ; si je n'avois pas l'inten-tion de tenir tout ce que je vous ai promis : mais pour vous assûrer de plus en plus de la vérité de mes senti-mens, je le dis en présence de mes fils & de toute l'Asſemblée, non *per verba de futuro*, mais *per verba de praeſenti*, je ſuis prêt à vous donner la main, & à vous épouſer.

FLORINDE *à part.*

(Ciel! qu'entends-je?)

LELIO, *au Docteur.*

Vos cheveux blancs & vos ſens glacés ſeront mal ac-couplés, avec le feu brûlant dans les veines de cette bouillante Pucelle.

LE DOCTEUR.

Signor, permettez : ce ſont mes affaires.

ROSAURE.

J'avoue que je ne mérite pas l'honneur que vous me faites : mais j'en ſerois encore moins digne, ſi j'avois la baſſeſſe de vous refuſer. Diſpoſez donc de mon cœur & de ma perſonne. Je ſuis à vous, ſi vous le voulez. *A part.* (Florinde change de couleur.)

LE DOCTEUR.

Meſſieurs, vous aurez la bonté de me ſervir de té-moins. Roſaure ſera ma femme. Venez, ma chere; donnez-moi votre main.

ROSAURE.

(*A part.* Florinde enrage.) *Haut.* La voilà.

FLORINDE *ſe leve.*

Arrêtez, mon Pere. Il ne ſera pas dit, que je ſouffrirai l'accompliſſement d'un pareil mariage.

LE DOCTEUR.

Comment? expliquez-vous. Quelle raiſon pouvez-vous apporter pour me diſſuader?

H 4

FLORINDE.

J'en puis objecter mille. Votre âge ; sa condition ; le tort que vous faites à votre famille ; votre santé ; les railleries de vos amis ; l'estime de vous-même ; outre ce que je tais, & qui n'est que trop connu de Rosaure elle-même.

LE DOCTEUR.

Tout ce que tu as dit, ne m'importe : il n'y a que ce que tu caches, qui pourroit m'arrêter ; ainsi parles, détruis les soupçons que tu veux me donner.

FLORINDE.

Vous ne pouvez, ni ne devez épouser Rosaure ; que cela vous suffise : je ne puis en dire davantage.

ROSAURE, *au Docteur.*

Monsieur, votre Fils offense mon honneur. Il veut me faire croire indigne de vous, par ma faute ; ce qui est faux. Forcez-le de parler ; autrement, je le déclare pour fourbe & menteur, en présence de toute l'Assemblée.

FLORINDE.

(*A part.* Quel est ce nouveau labyrinthe ? Si Isabelle n'étoit pas ici, je parlerois plus en liberté.) *Haut.* Messieurs, cessons l'Assemblée ; je dirai tout, entre nous.

ROSAURE.

Comment ? vous m'étonnez ! L'insulte est publique ; elle attaque mon honneur & ma réputation ; & la réparation doit être publique. Ou parlez, ou laissez-moi épouser votre pere, si vous en avez le courage ; ou que du moins, votre opposition soit fondée.

FLORINDE, *à part.*

(Ah ! que faire ! m'accuserai-je moi-même, ou laisse-

rai-je conclure cet indigne mariage ? De quels re-
mors mon cœur est agité !)

LE DOCTEUR, *à Florinde.*

Parleras-tu ?

ROSAURE.

Vous le voyez, comme il est confus ; il ne sçait que
dire... C'est un imposteur ; il ment...

FLORINDE, *à part.*

(Ah ! c'est trop en souffrir.)

LE DOCTEUR.

Si tu es fou, vas te faire faire une saignée. Rosaure,
donnez-moi la main.

ROSAURE.

Je suis prête.

FLORINDE.

Ah ! non ; arrêtez... Je vous le confirme : vous ne pouvez épouser Rosaure.

LE DOCTEUR.

Mais, pourquoi ?

FLORINDE.

Parce que je lui ai moi-même promis la foi du mariage.

LE DOCTEUR.

Bagatelle.

ISABELLE, *à part.*

(Ah ! traître ! qu'entends-je ?)

FLORINDE.

Mon silence seroit un crime : je dois dévoiler le mys-

tére contre moi-même. J'aimai Rosaure dans Pavie,
je lui ai fait serment de l'épouser. Mon amour fut
reçu avec tendresse ; un plus long silence deviendroit
sacrilege.

LE DOCTEUR.

(Oh! voici bien autre chose, que mon âge & ma famille.) Et vous, Rosaure, vous aviez assez peu de
prudence , pour vouloir épouser le pere de votre
Amant?

ROSAURE.

Vous jugeriez mal de moi, si vous m'en croyiez capable. J'ai feint, pour attérer l'ingrat ; & j'ai réussi,
comme je l'avois prévu. S'il avoit eu assez peu de
cœur pour se taire, j'aurois parlé, moi. Mais il auroit
pu avoir l'audace de me démentir ; & l'aveu de sa
propre bouche, en confessant son crime, le rend dé-
biteur de la foi qu'il m'a jurée, & qu'il a si indignement trahie.

LE DOCTEUR.

Plus je vous vois, plus je connois que vous êtes une
fille de grand sens & de bon jugement. Florinde, tu
dis vrai; je ne peux, ni ne dois l'épouser ; elle est à toi.

FLORINDE, *à part.*

(Et Isabelle?)

LE DOCTEUR.

L'as-tu promis ? Tiens ta parole.

FLORINDE.

Vous voulez que j'épouse une fille, qui a quitté la
maison de ses parens , qui a couru le monde, & qui a
eu des pratiques, le Ciel sçait avec qui!

ROSAURE.

Taisez-vous, langue empoisonnée; je suis une fille de bien.

LE DOCTEUR.

Or sus. Epouses-la sur le champ, ou vas-t'en loin de chez moi.

FLORINDE.

Comment! chasser votre propre fils!

LE DOCTEUR.

Celui qui se conduit si mal, n'est plus mon fils. Tu es indigne de mon amitié: vas, je ne veux ni te voir, ni entendre parler de toi.

FLORINDE *à Octavio.*

Ah! mon cher frere! parlez pour moi.

OCTAVIO.

Que voulez-vous que je dise? Si vous avez fait la folie de promettre, soyez du moins assez sage pour tenir ce que vous avez promis.

FLORINDE.

Et vous souffririez qu'une fille d'aussi vile condition entrât dans notre famille?

OCTAVIO.

Elle est digne de tout. *A part.* (Elle connoît le calcul de la Loterie.)

FLORINDE *à Béatrice.*

Ma chere belle-sœur, que dites-vous de la foiblesse de votre mari?

BÉATRICE.

C'eſt moi qui m'étonne de la votre. Roſaure mérite votre main ; & je ne dédaigne pas de l'avoir pour Belle-ſœur.

DIANE.

Les filles d'un auſſi grand mérite, honorent toutes les familles.

LELIO.

La main de Roſaure décoreroit un ſceptre.

MOMOLO.

Roſaure peut prétendre à tout. Si c'eſt du fiel pour vous, ce ſeroit du ſucre pour un autre.

ROSAURE, *à part.*

(Voilà le fruit de ma dextérité à me plier au caractere d'autrui.)

LE DOCTEUR.

Je ſuis très-aiſe que tu ſois témoin toi-même, du ſentiment général qui te couvre de honte. Ainſi je te dis plus fermement que jamais ; ou épouſes-la, ou ſors de ma maiſon ſur le champ.

FLORINDE, *à part.*

(Que je ſuis malheureux ! Mais que faire ? Je l'épouſerois, ſi ce n'étoit Iſabelle.)

ISABELLE, *à part.*

(Que penſe le traître ?)

FLORINDE *à Iſabelle.*

Qu'en dites-vous, *Signor Flaminio*?

ISABELLE.

Je me doutois, que je ferois le dernier à qui vous demanderiez son sentiment? Que voulez-vous que je dise? Je pense que vous êtes un parjure, un infidele, un indigne.

LE DOCTEUR.

Qu'est-ce que cette nouvelle histoire?

OCTAVIO *à Isabelle.*

Est-ce qu'il auroit aussi promis quelque chose à votre sœur?

ISABELLE.

C'est à moi-même que le traître a juré sa foi. Je ne suis point *Flaminio* ; je m'appelle *Isabelle-des-Ardens.*

DIANE, *à part.*

(C'est une fille! Ah! frere indiscret!)

ISABELLE.

Cet infidele m'a trompée, m'a séduite, m'a enlevée de chez mes parens, sous prétexte de m'épouser ; & je vois à présent qu'il avoit déjà contracté d'autres engagemens.

FLORINDE, *à part.*

(Je suis mort à cette heure.)

LE DOCTEUR.

Mais que faire de deux femmes? Certainement, il ne peut les épouser toutes deux.

FLORINDE.

Je n'ai d'autre lien avec Isabelle, que la simple promesse de ma foi.

LE DOCTEUR.

Donc, on peut la renvoyer à Pavie.

ISABELLE.

Je mourrois, plutôt que de retourner dans ma patrie pour en être la fable.

LE DOCTEUR.

Mais vous ne pouvez épouſer Florinde.

ISABELLE.

Je ne le voudrois pas, quand je le pourrois. Qu'il donne la main à ſa Roſaure, à qui il a le premier engagé ſa foi, & avec laquelle il a contracté des liens plus forts. Pour moi, je ſerai errante par le monde, en déteſtant l'horrible trahiſon de cet indigne.

ROSAURE.

Si Florinde ne refuſe pas d'être mon époux, je me charge de prendre ſoin du deſtin d'Iſabelle.

FLORINDE, *bas à Roſaure.*

Ma chere Roſaure, une fois débarraſſé des ſuites de mon manque de foi envers Iſabelle, je n'ai plus de raiſons qui m'empêchent d'être tout à vous. Je l'aurois fait auparavant, ſans l'obſtacle de mes engagemens avec elle.

ROSAURE, *bas à Florinde.*

J'ai pitié de vous, & j'ai facilement reconnu le combat de votre cœur ...*haut*... Iſabelle, il faut ſe plier aux conjonctures; & de deux maux choiſir le moindre. Vous voyez que Florinde ne peut être à vous; il faudroit pour laver votre gloire, qu'un jeune homme, honnête & eſtimé voulût vous épouſer.

ISABELLE.

Il le faudroit en effet ! Mais comment pouvoir m'en flatter dans une telle circonstance ?

ROSAURE.

(*à Isabelle*. Laissez-moi faire.) Seigneur Lelio, daignez m'écouter.

LELIO.

Commandez, sage Ariadne, qui tenez le fil pour se tirer du labyrinthe le plus inextricable.

ROSAURE.

Vous qui avez tout l'héroïsme du cœur, seriez-vous disposé à faire une action véritablement héroïque ?

LELIO.

Je suis prêt à illustrer mon nom & ma naissance.

ROSAURE.

Voyez cette pauvre demoiselle : elle a été enlevée de la maison paternelle. Son honneur est entier ; il n'y a que l'apparence contr'elle. Voilà un héroïsme digne de vous : sauvez l'honneur d'une fille de famille illustre ; & vous serez plus glorieux qu'Aristomène, Caloandre & Don Quichotte.

LELIO.

O ciel ! Suggérez-moi seulement le moyen de me signaler.

ROSAURE.

Ce moyen est aussi beau que facile. Epousez-la.

LELIO.

Que je l'épouse !

ROSAURE.

Oui : quelle répugnance y trouvez-vous, puisqu'elle est noble, belle & honnête?

FLORINDE.

Je vous garantis de plus, une dot de six mille écus qui lui est assûrée, par le testament de son ayeul paternel.

LELIO, *à part.*

(Ceci peut applanir bien des difficultés.)

BÉATRICE.

Allons, Seigneur Lelio, donnez des preuves de votre courtoisie ordinaire. Secourez cette pauvre demoiselle.

OCTAVIO.

Six mille écus font un beau denier! On peut faire beau jeu, & gagner un terne à la Loterie.

LE DOCTEUR.

Courage, Seigneur Lelio. Dites oui; les noces se feront dans ma maison; & j'aurai l'honneur de pourvoir à tout ce qui est nécessaire pour les épousailles & pour l'ajustement de la future.

LELIO.

Vous m'obligez d'une si gentille maniere, que je serois des plus grossiers, si je vous refusois. Venez, ma très-fortunée & très-honorable dame; vous serez la bienheureuse épouse....

ISABELLE.

Très-heureuse en effet, d'avoir un mari si poli & si aimable.

LELIO.

LELIO.

Donnez-moi cette main d'albâtre.

ISABELLE.

La voilà, avec le don de mon cœur.

LELIO.

Vous êtes à moi, comme je suis à vous. *A Florinde...* Ami, je ne perds pas de vue vos bonnes graces, & puis nous parlerons de la dot des six mille écus. *Au Docteur....* Je me recommande à vous pour le reste, Monsieur le Docteur.

LE DOCTEUR, *à part.*

(C'est un aveugle qui a trouvé un fer de cheval.)

OCTAVIO *à Lelio.*

Si vous voulez employer vos six mille écus, je vous donnerai un bon emploi.

LELIO.

Grand merci : je ne joue pas à la Loterie.

ISABELLE, *à part.*

(Il peut se faire qu'il me plaise à la longue ; au moins il sert à réparer la brèche.)

ROSAURE *à Florinde.*

Signor Florindo, il est tems de ratifier vos engage-mens.

FLORINDE.

Je suis prêt ; & de bon cœur.

ROSAURE.

Mais auparavant, j'ai une grace à demander à M. le Docteur, mon amoureux Beau-pere.

I

LE DOCTEUR.

Commandez, ma chere Brû.

ROSAURE.

Je voudrois que la *Signora Diana* suivît notre exemple.

LE DOCTEUR.

Cela demande un peu de réflexion. C'est encore un enfant : qui voulez-vous qui la prenne ?

ROSAURE.

Voilà le Seigneur Momolo, qui est tout prêt à l'épouser.

LE DOCTEUR.

Mais, est-ce qu'il lui plairoit ?

ROSAURE.

Elle l'aime à la folie.

LE DOCTEUR.

La Innocentina !

MOMOLO, *à part.*

(Il vaut mieux la prendre, pour me tirer d'embarras.) *Au Docteur*. . . . M. le Docteur, je vous la demande, si elle y consent.

LE DOCTEUR, *à Diane.*

Et toi, que dis-tu ?

DIANE *au Docteur.*

Je l'accepterai pour vous obéir.

LE DOCTEUR.

Brava, la Simplicetta! Piglialo pure, Piglialo.

MOMOLO, *à Diane.*

Donnez-moi la main.

DIANE.

Prenez ; la voilà.

MOMOLO, *à part.*

(Le ciel me la garde bonne!)

OCTAVIO, *à part.*

(De ces trois mariages, j'en veux tirer un Terne assûrément.)

ROSAURE.

A préfent, Seigneur Florinde, j'accepte votre main
avec plaifir.

FLORINDE, *en lui donnant la main.*

Tenez. C'eft en ce moment, que je vois que vous êtes
une femme de grand fens & d'excellent jugement.

ROSAURE, *au Parterre.*

Tous me donnent cette qualité, parce que je favorife
leurs paffions, en me conformant à leur caractere. Je
n'ai cependant pas mérité cet éloge, puifque je ne le
dois qu'à l'art de flatter les gens. Pour être femme de
grand fens & d'excellent jugement, j'aurois dû dire à
la *Signora Béatrice*, que les femmes fages fe conten-
tent de l'honnête néceffaire ; & que le luxe & la va-
nité font la ruine des Familles ; au *Signor Octavio*, que
c'eft une folie de compter fur la fortune ; & que la
Cabale n'eft qu'impofture & fauffeté. A la *Signora
Diana*, que la feinte & l'hypocrifie font condamna-
bles ; & que les femmes d'honneur font franches &

finceres ; au *Signor Lelio*, que l'affectation eft ridicule ; & qu'un Cavalier ne doit jamais fe vanter ; au
Signor Momolo, qu'il laiffe les filles & la bagatelle,
pour fonger au folide, pour faire honneur à fon pays ;
à *Monfieur le Docteur*, que le bon Avocat doit aimer
la vérité, & ne jamais tromper fes Clients. Je dirai
auffi à la *Signora Ifabella*, qu'une femme doit aimer
& refpecter fon mari. Je dirai à mon cher *Florinde*,
qu'un mari doit aimer fa femme, & avoir de l'indulgence pour fa foibleffe. Je dirai à tous, que l'honneur eft préférable à tout, même à la vie ; que faire
le bien, procure du bien ; que celui qui ne s'écarte
jamais du chemin de la vérité & de l'innocence, ne
peut s'égarer, ni périr. C'eft ce que je vous dis à tous ;
& fi vous trouvez que ma propofition mérite d'être
approuvée, c'eft alors que vous pourrez m'appeller
une femme de bon fens ; *Donna di Garbo.*

Fin du Troifieme & dernier Acte.

APPROBATION.

J'AI lu par ordre de Monfeigneur le Garde des Sceaux
un Manufcrit intitulé : *Choix des meilleures Pieces du
Théâtre Italien moderne ;* je n'y ai rien trouvé qui puiffe
en empêcher l'impreffion. A Paris ce 9 Juillet 1783.

Signé, SAGE.